Ya soy cristiana, ¿ahora qué?

devocionales para ellas

Nashville, Tennessee

Ya soy cristiana, ¿ahora qué?

Copyright © 2018 B&H Publishing Group
Todos los derechos reservados

Publicado por B&H Publishing Group
Nashville, Tennessee

Clasificación Decimal Dewey: 242.62
Clasifíquese: NIÑAS/VIDA CRISTIANA/LITERATURA DEVOCIONAL

A menos que se indique otra cosa, las citas bíblicas se tomaron de la Santa Biblia, Nueva Traducción Viviente, © Tyndale House Foundation, 2010. Usadas con permiso de Tyndale House Publishers, Inc., 351 Executive Dr., Carol Stream, IL 60188, Estados Unidos de América. Todos los derechos reservados. Las citas bíblicas marcadas LBLA se tomaron de LA BIBLIA DE LAS AMÉRICAS, © 1986, 1995, 1997 por The Lockman Foundation. Usadas con permiso. Las citas bíblicas marcadas DHH se tomaron de Dios Habla Hoy®, Tercera edición, © 1966, 1970, 1979, 1983, 1996 por Sociedades Bíblicas Unidas. Usadas con permiso. Las citas bíblicas marcadas RVC se tomaron de la Reina Valera Contemporánea®, © 2009, 2011 por Sociedades Bíblicas Unidas. Usadas con permiso.

978-1-4336-4470-2
Impreso en Estados Unidos de América
1 2 3 4 5 6 • 22 21 20 19 18

Introducción

¡Felicitaciones por tomar la decisión más grande y excelente de tu vida! Has decidido seguir a Jesucristo y tienes mucho por delante, mucho por aprender y bendiciones de sobra. El Señor tiene grandes planes para ti, y espero que estos 100 pasajes bíblicos y devocionales te ayuden y te guíen a medida que elijas entregarle cada nuevo día. Consigue una Biblia, ora antes de cada desafío y observa cómo te vas acercando más a Dios cada día.

Lo lograste. Eres cristiana. ¡Muy bien! ¿Ahora qué? Ahora esto…

Contenido

Luc. 6:35-36	No esperes nada a cambio	8
Mat. 5:11	Insultos	10
Mat. 5:43-45	Ama a tus enemigos	12
Rom. 12:9	Amor genuino	14
Rom. 12:10	Honrarse unos a otros	16
Rom. 12:11	Sé diligente	18
Rom. 12:12-13	Sigue adelante	20
Sal. 3:4	Habla con Dios	22
1 Cor. 6:19-20	No te perteneces	24
Hech. 2:42	Asiste a la iglesia	26
1 Cor. 12:14,18-19	Un ministerio estudiantil sólido	28
1 Cor. 15:33	Malas compañías	30
2 Cor. 2:14-15	El aroma de Cristo	32
2 Cor. 3:18	Transformada	34
2 Cor. 6:14	Cuidado con tu corazón	36
2 Cor. 7:1	Santa	38
Sal. 19:7-8	Vida de la Palabra	40
Gál. 5:24-25	Sigue al Espíritu Santo	42
Gál. 6:5	Sé responsable	44
Gál. 6:2	Llevar las cargas mutuas	46
Gál. 6:10	Sé servicial	48
Sal. 25:12	Decisiones	50
Sal. 37:1-2	Las cosas en perspectiva	52
Ef. 2:1-2	Camina	54
Ef. 4:29	Que tus palabras bendigan a otros	56
Ef. 4:32	Perdona	58
Ef. 5:8-10	Vive como hija de la Luz	60
Ef. 5:11	Desenmascara la oscuridad	62

Ef. 5:25	Tu futuro esposo	64
Fil. 1:27	Vive de una manera digna del evangelio	66
Fil. 2:3-4	Pon a los demás en primer lugar	68
Fil. 2:14-15	Brilla	70
Prov. 1:7	Adquiere sabiduría	72
Col. 2:6-7	Camina en Él	74
Col. 2:8	Una teología sólida	76
Col. 3:1-2	Medita en las cosas celestiales	78
Col. 3:8	Entrega tu enojo	80
Col. 3:9	No mientas	82
Col. 3:12	Sé amable	84
Col. 3:13	Acepta y perdona	86
Col. 3:15	Paz	88
Col. 4:2	Oración	90
1 Tes. 3:12	Ama a todos	92
1 Tes. 4:7-8	El rechazo	94
1 Tes. 5:8	Vístete	96
2 Tes. 2:15	Recuerda y practica	98
2 Tes. 3:11-12	Ocúpate de tu propia vida	100
2 Tes. 3:13	¿De quién eres responsable?	102
Sal. 78:4	Da testimonio a las generaciones futuras	104
Prov. 2:10-13	Hay dos caminos	106
Prov. 3:11-12	Acepta la disciplina	108
Prov. 4:23	Protege tu corazón	110
1 Tim. 4:7-8	Entrena	112
1 Tim. 6:6	Conténtate	114
1 Tim. 6:7-8	Conténtate con menos	116
1 Tim. 6:11	Busca la piedad	118

Referencia	Título	Página
1 Tim. 6:17	Espera en Dios	120
1 Tim 6:18	Sé generosa	122
2 Tim. 1:7	Intrépida	124
2 Tim. 2:22	Busca la justicia	126
Tito 2:11-13	Mantén la meta a la vista	128
Prov. 5:15-16	Guarda tu agua	130
Prov. 10:19	Una chica de pocas palabras	132
Sant. 1:19-20	Lenta para enojarte	134
Sant. 1:23-24	Aplica lo que escuchas	136
Sant. 1:27	Anticontaminación	138
Sant. 2:13	Misericordiosa	140
Sant. 2:17-18	La fe con obras	142
Sant. 3:5-6	La lengua	144
Sant. 3:10	De amargo a dulce	146
Sant. 3:9	Hecha a imagen de Dios	148
Sant. 3:16	El orden	150
Juan 15:19	No eres de este mundo	152
Juan 16:13	El Espíritu habla	154
1 Ped. 1:14	Nunca vuelvas a tu vieja vida	156
1 Ped. 3:7	Tratada con honor	158
1 Ped. 3:8-9	Bendice	160
1 Ped. 3:15	Prepárate	162
Mat. 5:48	Sé perfecta	164
Juan 13:35	El amor unos por otros	166
Juan 15:2	Produce fruto	168
Juan 17:17	La verdad	170
1 Ped. 5:8-9	En el safari	172
1 Jn. 2:5-6	Camina como Cristo	174
1 Jn. 2:11	Camina en la luz	176
1 Jn. 3:18	El amor en acción	178

1 Jn. 5:3	Obedece los mandamientos de Dios	180
Sal. 112:1	Escucha al Señor	182
Sal. 119:2	La verdadera felicidad	184
Sal. 119:15	Estudia	186
Sal. 119:77	Cómo tener una vida plena	188
Sal. 139:13-14	Eres maravillosa	190
Prov. 11:12	Silencio	192
Prov. 11:22	No te parezcas a un cerdo	194
Prov. 14:1	Edifica tu reputación	196
Prov. 16:9	Tus pasos	198
Prov. 21:2	Tus intenciones	200
Prov. 30:8	El pan nuestro de cada día	202
Prov. 27:19	Tu corazón	204
2 Tes. 3:16	Bendición	206

No esperes nada a cambio

¡Amen a sus enemigos! Háganles bien. Presten sin esperar nada a cambio. Entonces su recompensa del cielo será grande, y se estarán comportando verdaderamente como hijos del Altísimo, pues él es bondadoso con los que son desagradecidos y perversos. Deben ser compasivos, así como su Padre es compasivo.

—LUCAS 6:35-36

Antes de estos dos versículos, Lucas enseña que es fácil amar a los que nos aman, ser buenas con los que nos tratan bien y prestarles a aquellos que sabemos que nos lo devolverán. Sin embargo, el evangelio nos llama a amar, a hacer el bien y a dar a los demás, incluso si ellos no nos aman, no nos tratan bien ni nos dan nada a cambio. Somos llamadas a amar de esta manera porque Cristo nos ama aun cuando somos indiferentes, es bueno con nosotras aunque seamos desagradecidas y nos provee lo que necesitamos incluso si no tenemos nada para ofrecerle a Él. Cristo nos ama sin esperar nada a cambio; por lo tanto, tenemos que amar a los demás de la misma manera.

¿Quién en tu vida te ama aun cuando eres difícil de amar?

Insultos

Dios los bendice a ustedes cuando la gente les hace burla y los persigue y miente acerca de ustedes y dice toda clase de cosas malas en su contra porque son mis seguidores.

–MATEO 5:11

A veces, las personas te tratan mal porque eres cristiana. Jesús nos pide que consideremos que es una bendición que esto suceda. En general, nos ponemos en la posición de víctima cuando los demás dicen cosas desagradables sobre nosotras, pero Cristo nos muestra que, si la gente habla así por lo que creemos, debemos considerarnos afortunadas. La mayor bendición es poder relacionarnos con el Señor, no recibir la aprobación de otra persona por lo que creemos.

¿Alguna vez te trataron mal por ser cristiana?

Ama a tus enemigos

Han oído la ley que dice: "Ama a tu prójimo" y odia a tu enemigo. Pero yo digo: ¡ama a tus enemigos! ¡Ora por los que te persiguen! De esa manera, estarás actuando como verdadero hijo de tu Padre que está en el cielo…

–MATEO 5:43-45

Una de las cosas más difíciles de lograr es ser amables con alguien que nos trata con crueldad. Sin embargo, esto es exactamente lo que Dios nos pide. Cristo enseña que amemos a nuestros enemigos, ¿pero qué significa esto en la práctica? El mandamiento de amar a nuestros enemigos no implica que se conviertan en nuestros mejores amigos. Si alguien te ha herido (por lo general, a tu edad es una chica), tienes que examinar tu corazón y asegurarte de no estar albergando malos pensamientos o sentimientos contra ella, pero tampoco hace falta que la invites a dormir a tu casa. Puedes amarla a la distancia. Por ejemplo, puedes orar por ella cuando Dios te la traiga a la mente.

Parece imposible amar a los que nos tratan mal; pero, cuando nos detenemos y miramos lo que Cristo hizo por nosotras cuando éramos Sus enemigas, entendemos que no solo es posible amar a las personas malas, sino que es lo mínimo que podemos hacer después de lo que Dios hizo por nosotras.

¿De qué maneras puedes mostrar amor a las personas que quizás consideres tus «enemigas»?

Amor genuino

No finjan amar a los demás; ámenlos de verdad. Aborrezcan lo malo. Aférrense a lo bueno.

–ROMANOS 12:9

Es hipócrita afirmar que amamos a nuestra madre y luego hablar mal de ella con nuestras amigas. Es hipócrita decir que amamos a nuestros hermanos, pero no apoyarlos en la escuela cuando alguien los atormenta. El amor genuino es contenernos cuando queremos decir algo negativo sobre una persona que amamos y también es defender a nuestros seres queridos. Si afirmamos amar a alguien, tenemos que amarlo de verdad, respaldando con nuestras acciones el amor que profesamos.

¿Cuál es tu definición de amor?

Honrarse unos a otros

Sed afectuosos unos con otros con amor fraternal; con honra, daos preferencia unos a otros.

–ROMANOS 12:10, LBLA

Si tienes una familia amorosa, sabes lo que es dar y recibir «amor fraternal». Se te dibuja una sonrisa en el rostro cuando recuerdas las vacaciones en familia, las tradiciones de las fiestas y las rutinas semanales de la casa: desde las comidas hasta las noches de películas. El hilo que une todos estos recuerdos es el amor. Dios nos dice que amemos a los demás con el mismo amor que experimentamos en nuestras familias.

Ninguna familia es perfecta, pero las familias amorosas hacen todo lo posible para resolver cualquier problema relacional que surja. Corregir los errores que cometes en tu hogar es solo una de las tantas maneras de honrar a los miembros de tu familia. Dios llama a Sus hijos a mostrar esta clase de afecto y honor tanto fuera como dentro de sus hogares.

¿Necesitas solucionar algún problema en la relación con un amigo o un familiar?

Sé diligente

No sean nunca perezosos, más bien trabajen con esmero y sirvan al Señor con entusiasmo.

–ROMANOS 12:11

No solo tenemos que amar a nuestras familias y a los demás con afecto fraternal; debemos amar al Señor de la misma manera. Los cristianos tienen que amar y honrar al Señor sirviéndolo. A tu edad, puedes servir a Dios honrando a tus padres, tu familia extendida, tus maestros y tus entrenadores. Algunas maneras prácticas en las que puedes servir a Dios es ayudar en tu casa (¡sin esperar una mensualidad!), hacer viajes misioneros con tu grupo de jóvenes, no chismear y ser agradecida. Recuerda que no haces estas cosas para *recibir* el amor de Dios, sino porque Él ya te *ama*.

Realiza una lista de maneras prácticas en las que puedes mostrar amor por tu familia y por Dios.

Sigue adelante

Alégrense por la esperanza segura que tenemos. Tengan paciencia en las dificultades y sigan orando. Estén listos para ayudar a los hijos de Dios cuando pasen necesidad. Estén siempre dispuestos a brindar hospitalidad.

–ROMANOS 12:12-13

En mi trabajo con chicas preadolescentes, he descubierto que su principal dificultad son las relaciones entre ellas. Ya sabes cómo es: alguien que pensabas que era tu amiga resulta no serlo, publica algo personal sobre ti, empieza un rumor que te afecta o no te invita a dormir a tu casa; la amiga que tenías al comienzo de séptimo grado no es la misma cuando pasan a octavo. En esos momentos, la Escritura nos anima a ser pacientes. Sé paciente mientras esperas que los que te rodean maduren regocíjate en la esperanza de que madurarán y persiste en oración a medida que tú misma maduras y atraviesas esta época.

¿Tienes alguna amistad por la que necesitas orar?

Habla con Dios

Clamé al Señor, y él me respondió desde su monte santo.

–SALMO 3:4

Piensa en tu mejor amiga. ¿Con cuánta frecuencia hablas con ella? Es probable que no pase demasiado tiempo entre sus conversaciones. A las buenas amigas les gusta escuchar sobre las aventuras, los desafíos, las esperanzas y los sueños de la otra. De la misma manera, Dios quiere que le hablemos de nuestras esperanzas, temores, sueños y desafíos. Cuando hablamos con Dios, Él nos escucha y responde. A veces, las respuestas son inmediatas. Otras, no lo son. A veces, Dios responde con un «Sí» y, por momentos, Su respuesta es «No». Cuando nos contesta, siempre quiere lo mejor para nosotras, pero para oírlo tenemos que aprender a reconocer Su voz. Dios nos habla desde Génesis hasta Apocalipsis y, así como conocemos la voz de una buena amiga porque pasamos mucho tiempo con ella, tenemos que pasar tiempo leyendo la Palabra de Dios para poder escuchar Su voz.

Describe alguna vez en la que Dios haya respondido a una de tus oraciones.

No te perteneces

¿No se dan cuenta de que su cuerpo es el templo del Espíritu Santo, quien vive en ustedes y les fue dado por Dios? Ustedes no se pertenecen a sí mismos, porque Dios los compró a un alto precio. Por lo tanto, honren a Dios con su cuerpo.

–1 CORINTIOS 6:19-20

En la época del Antiguo Testamento, Dios habitaba con Su pueblo en el tabernáculo. El tabernáculo era un lugar de adoración para los israelitas. Ellos lo armaban donde fuera que acamparan porque era su santuario. Era la forma en la que Dios se encontraba con ellos. Hoy en día, el Señor se encuentra con Su pueblo a través de Jesús. El tabernáculo ya no existe porque la muerte y la resurrección de Cristo permiten que Dios habite con Su pueblo. El Espíritu Santo habita en aquellos que han aceptado a Cristo como su Señor y Salvador, y sus cuerpos son el santuario de Dios.

¡El Señor vive en ti porque eres cristiana! Como el Dios todopoderoso, santo y perfecto habita en ti, debes mantener Su santuario (tu cuerpo) en pureza, santidad y sin mancha.

Ya que tu cuerpo es el santuario de Dios, ¿cómo debes tratarlo?

Asiste a la iglesia

Todos los creyentes se dedicaban a las enseñanzas de los apóstoles, a la comunión fraternal, a participar juntos en las comidas (entre ellas la Cena del Señor), y a la oración.

–HECHOS 2:42

Una cristiana debe formar parte de una iglesia que crea en la Biblia y esté centrada en Cristo. Si todavía no estás en la comunidad de una iglesia, investiga un poco y visita varias congregaciones. Si tus padres no pueden llevarte a la iglesia, pídeles a algunas de tus amigas cristianas si puedes visitar sus congregaciones. La iglesia es donde aprenderás la Palabra de Dios, tendrás comunión con otros cristianos, recordarás la muerte y la resurrección de Cristo, esperarás con ansias el regreso de Jesús y otros creyentes orarán por ti. Ya sea que estés visitando una iglesia o estés participando en forma activa, averigua sobre el ministerio estudiantil de la congregación para que puedas conectarte con otros estudiantes de tu misma edad.

¿Qué te gusta de la iglesia a donde asistes o que estás visitando?

Un ministerio estudiantil sólido

Así es, el cuerpo consta de muchas partes diferentes, no de una sola parte. [...] Pero nuestro cuerpo tiene muchas partes, y Dios ha puesto cada parte justo donde él quiere. ¡Qué extraño sería el cuerpo si tuviera solo una parte!

–1 CORINTIOS 12:14, 18-19

Este pasaje habla de la iglesia. Un grupo de jóvenes no puede y no debe reemplazar a la iglesia, pero piensa en tu grupo juvenil ahora mismo. Si los miembros pasaran todo el tiempo deseando ser distintos de lo que Dios quiso que fueran, el grupo de jóvenes no reflejaría de manera adecuada al Señor. Si tu pie decide dejar de ser pie porque prefiere ser mano, ¿cómo caminarías?

Cuando los alumnos crecen en su propio caminar con el Señor en lugar de concentrarse en lo que los demás hacen en el ministerio, reflejan a Dios en su comunidad.

No pierdas el tiempo deseando ser una mano si eres un pie. En cambio, dedícate a desarrollar tus talentos para que Dios pueda reflejarse a través de tu vida.

¿Cuáles son tus talentos? ¿Cómo puedes usarlos?

Malas compañías

No se dejen engañar [...], porque «las malas compañías corrompen el buen carácter».

–1 CORINTIOS 15:33

Durante toda mi vida adulta, he trabajado con alumnos de escuela primaria y secundaria. He visto que, cuando los alumnos toman malas decisiones, siempre se debe a que han estado pasando tiempo con amigos que son una mala influencia. Nos gusta pensar que tenemos la fortaleza mental, emocional y social necesaria para ser amigas de la persona que queramos, pero la verdad es que todas sucumbimos a la tentación cuando, en nuestro círculo íntimo, tenemos amigas que nos convencen de transitar caminos peligrosos.

Piensa en tus mejores amigas. ¿Qué influencia positiva tienen sobre ti?

El aroma de Cristo

Así que, ¡gracias a Dios!, quien nos ha hecho sus cautivos y siempre nos lleva en triunfo en el desfile victorioso de Cristo. Ahora nos usa para difundir el conocimiento de Cristo por todas partes como un fragante perfume. Nuestras vidas son la fragancia de Cristo que sube hasta Dios, pero esta fragancia se percibe de una manera diferente por los que se salvan y los que se pierden.

–2 CORINTIOS 2:14-15

Recuerdo que, cuando era pequeña, me encantaba el aroma del perfume de mi mamá. Era una fragancia sutil, dulce y singular. Si me abrazaba para despedirme mientras tenía puesto su perfume, por momentos podía percibir su aroma en mi ropa mientras estábamos separadas. Incluso hoy, que ya soy adulta, reconozco el aroma de mi mamá. Cuando ella se va de casa después de una visita, hasta mis hijos entran a la habitación donde ella estuvo y anuncian: «Hay olor a Pebby» (así llaman a su abuela). Esto es exactamente lo que Cristo quiere para nosotras. Desea tener una amistad tan íntima con nosotras que empecemos a tener la misma fragancia que Él. Quiere que los demás puedan percibir Su aroma cuando interactuemos con ellos y, cuando nos despedimos de la gente, el Señor quiere que dejemos un perfume agradable de lo que significa caminar con Él.

Cuando pasas tiempo con otros, ¿les recuerdas a Cristo?

Transformada

Así que, todos nosotros, a quienes nos ha sido quitado el velo, podemos ver y reflejar la gloria del Señor. El Señor, quien es el Espíritu, nos hace más y más parecidos a él a medida que somos transformados a su gloriosa imagen.

–2 CORINTIOS 3:18

Unos versículos antes de este, Pablo, el autor de 2 Corintios, escribe sobre el rostro de Moisés cubierto con un velo. Moisés se colocaba un velo sobre la cara después de encontrarse con el Señor porque su rostro brillaba por haber estado en la presencia de Dios. Escondía su rostro radiante de los israelitas porque ellos no tenían gafas de sol para bloquear los rayos de luz que emitía Moisés. El velo también evitaba que los israelitas se dieran cuenta cuando se desvanecía el resplandor.

Dios tenía una relación especial con Moisés. Hablaba con él y luego Moisés les comunicaba a los israelitas lo que el Señor había dicho. Hoy, Dios se encuentra con nosotros tal como solía hacerlo con Moisés, pero nuestro encuentro con Él sucede a través del Espíritu Santo. El Espíritu nos transforma más y más a imagen de Cristo, y recibimos un resplandor que jamás se desvanece.

¿Cómo puedes hacer brillar Su luz en el mundo?

Cuidado con tu corazón

No se asocien íntimamente con los que son incrédulos. ¿Cómo puede la justicia asociarse con la maldad? ¿Cómo puede la luz vivir con las tinieblas?

–2 CORINTIOS 6:14

Piensa en la futura familia que quieres, en la mamá que deseas ser y en la clase de hombre con quien quieres casarte. ¿En alguna parte de esa imagen aparece una pelea porque tu esposo no quiere que lleves a tus hijos a la iglesia? El matrimonio es una de las muchas maneras en que podemos asociarnos con incrédulos. En este pasaje, Dios nos advierte sobre mezclarnos con otros que no creen en Él. Nos dice que es como intentar mezclar el agua y el aceite. Es una combinación de luz y oscuridad que desequilibra la relación. Una asociación incompatible es como un subibaja. Cuando una persona está arriba, la otra está abajo. Nunca hay un equilibrio.

Apunta a que las personas que tienen peso e influencia en tu vida crean en la muerte y la resurrección de Cristo. Quizás tengan distinto gusto en música, diferentes posturas políticas y opiniones variadas sobre diversos temas, pero siguen al mismo Señor.

Haz una lista con las características de un buen cónyuge.

16

Santa

Queridos amigos, dado que tenemos estas promesas, limpiémonos de todo lo que pueda contaminar nuestro cuerpo o espíritu. Y procuremos alcanzar una completa santidad porque tememos a Dios.

–2 CORINTIOS 7:1

Las promesas de 2 Corintios 7:1 son las mismas que Dios hizo desde que llamó a Abraham en Génesis 12. Dios promete ser un buen Padre para Su pueblo. Él nos cuidará y seremos Sus hijas. Pablo afirma que, como tenemos semejante promesa de ser parte de la familia de Dios, tenemos que hacer las cosas bien. El ser más santo del universo es nuestro Padre. Si tienes una relación saludable con tu papá, lo más probable es que quieras portarte bien cuando está cerca por una cuestión de respeto. De la misma manera, tenemos que limpiar nuestro corazón y nuestra mente por respeto a nuestro Padre celestial. A diferencia de nuestros padres terrenales, Dios está siempre con nosotras, lo cual significa que debemos actuar siempre bien; y el Señor es perfecto, lo cual implica que somos llamadas a más que ser simplemente buenas. Dios nos llama a ser santas. Tiene que haber una diferencia marcada entre nosotras y el mundo porque servimos a un Dios santo.

¿Qué es lo más difícil de diferenciarse del mundo?

Vida de la Palabra

Las enseñanzas del Señor son perfectas, reavivan el alma. Los decretos del Señor son confiables, hacen sabio al sencillo. Los mandamientos del Señor son rectos; traen alegría al corazón. Los mandatos del Señor son claros; dan buena percepción para vivir.

–SALMO 19:7-8

En este versículo, las expresiones *enseñanzas*, *decretos*, *mandamientos* y *mandatos del Señor* se usan como sinónimos de la Palabra de Dios. La Biblia nos enseña a vivir, nos da relatos de testigos oculares de muchos de los sucesos que describe y nos proporciona entendimiento. Los adjetivos que se usan para describir los mandamientos de Dios en estos versículos son *perfectos*, *confiables*, *rectos* y *claros*. El Salmo 19:7-8 también expresa lo que la Palabra de Dios hace por nosotras. La Escritura nos reaviva, nos hace sabias, trae alegría a nuestro corazón e ilumina nuestros ojos para ver mejor en la vida. Estar en la Palabra de Dios tiene un efecto interno y externo sobre nosotras. Literalmente, cambiamos desde adentro hacia afuera cuando permitimos que la Palabra de Dios penetre en nuestro corazón.

Escoge uno de tus versículos favoritos y escríbelo más abajo. ¿Puedes memorizarlo?

18

Sigue al Espíritu Santo

Los que pertenecen a Cristo Jesús han clavado en la cruz las pasiones y los deseos de la naturaleza pecaminosa y los han crucificado allí. Ya que vivimos por el Espíritu, sigamos la guía del Espíritu en cada aspecto de nuestra vida.

–GÁLATAS 5:24-25

Vivir por el Espíritu significa no satisfacer los deseos de nuestra naturaleza pecaminosa. Debemos correr en la dirección opuesta cuando sentimos el deseo de chismear, mentir, robar, engañar, ser perversas o albergar malos pensamientos. Seguir al Espíritu implica poner la mayor distancia posible entre nosotras y las cosas que nos tientan. Si estamos tentadas a ser crueles en los medios sociales, lo mejor sería no usarlos más. Si tenemos malos pensamientos o mentimos, quizás debamos dejar de estar con ciertas amigas o de mirar programas de televisión que tengan una mala influencia sobre nosotras.

Examina tu vida. ¿En qué áreas eres vulnerable a la tentación? Pídele a Cristo que te muestre cómo puedes crucificar esos deseos y que te ayude a librarte de ellos.

¿Qué tentaciones te resulta más difícil combatir?

Sé responsable

Pues cada uno es responsable de su propia conducta.

–GÁLATAS 6:5

Cuando estaba en la universidad, estudié en el extranjero. En las reuniones anteriores al viaje, mis profesores enfatizaron que los que viajaban solo debían empacar lo que pudieran llevar consigo. Empacar pocas cosas para un viaje de tres meses requirió un plan estratégico. La idea de llevar solo lo que uno puede cargar nos enseña responsabilidad. Si una persona no puede llevar su propia carga, hace falta que otro intervenga. Cuando nos hacemos cargo de nuestra propia persona, no es necesario que otro tenga que hacerse responsable. Si cada miembro de una familia, cada empleado de una empresa o cada alumno de una clase es responsable, hay más tiempo y energía para dedicar a cuestiones importantes, en lugar de tener que compensar por los descuidos de los demás.

¿De qué maneras podrías ser más responsable?

20

Llevar las cargas mutuas

Ayúdense a llevar los unos las cargas de los otros, y obedezcan de esa manera la ley de Cristo.

–GÁLATAS 6:2

Observa lo que *no* dice el versículo de hoy. No dice que nos sentemos tranquilas y dejemos que otra persona lleve nuestra carga. No supongas que alguien siempre llevará tu carga, sino que lleva la del otro. Sé responsable de tu propia vida y, al mismo tiempo, ayuda a los demás. Lleva tu propia carga y, con un corazón que se interesa por los demás, lleva también las de ellos. Esto podría suponer escuchar, enviar un mensaje de texto de ánimo, escribir una nota y mandarla por correo, orar u ofrecerse a ayudar. Cuando sacamos la mirada de nosotras mismas y nuestras propias circunstancias, nos parecemos más a Cristo.

¿A quién conoces que esté siempre dispuesto a ayudar a los demás? ¿Esta persona te recuerda a Cristo?

Sé servicial

Por lo tanto, siempre que tengamos la oportunidad, hagamos el bien a todos, en especial a los de la familia de la fe.

–GÁLATAS 6:10

Hay muchísimas oportunidades de servir en una iglesia. A medida que vayas conociendo a las demás familias de la congregación, verás estas oportunidades. Mira los dones que Dios te ha dado, ora para saber cómo servir a las personas de tu iglesia y tu comunidad, y luego observa lo que Dios hace. Quizás termines visitando a una pareja de ancianos una vez por semana, ayudando a una viuda a limpiar su casa o su jardín, horneando algo delicioso para una persona internada en el hospital, ayudando a cuidar los niños de una familia, aconsejando a una alumna más joven en tu materia preferida o enseñándole a alguien tus habilidades. Observa y mira cómo Dios te usa para el bien de las personas de tu iglesia y tu comunidad.

Haz una lista con diez maneras en que puedes servir a Dios sirviendo a los demás. ¿Cuál puedes poner en práctica esta semana?

22

Decisiones

¿Quiénes son los que temen al Señor? Él les mostrará el sendero que deben elegir.

–SALMO 25:12

Algunas decisiones son más sencillas que otras. Siempre que debas decidir, Dios estará contigo. Te mostrará el camino que debes tomar porque tienes temor de Él. Temer al Señor significa tener una buena relación con Él. Con tus amigas más cercanas, sabes lo que la otra piensa o siente porque estás en sintonía con ellas. Hablan y pasan tiempo juntas a menudo. Aprendes lo que les gusta y lo que no les gusta. De la misma manera, sabrás lo que Dios desea si estás cerca de Él. El Señor te enseñará Sus caminos y te ayudará con las decisiones que debas tomar.

¿Estás frente a una decisión difícil?

23

Las cosas en perspectiva

No te inquietes a causa de los malvados ni tengas envidia de los que hacen lo malo. Pues como la hierba, pronto se desvanecen; como las flores de primavera, pronto se marchitan.

–SALMO 37:1-2

Es fácil dejarse llevar por lo que puede parecer injusto. Quizás tu profesor te llame la atención por tu conducta, mientras que otro alumno que actúa peor se sale con la suya porque el profesor no lo vio, pero a ti sí. Llevemos esta situación un paso más allá y digamos que el alumno que no se metió en problemas está siempre intimidando a los demás. La Escritura nos insta a no dejar que las injusticias que veamos nos molesten porque los malos se marchitarán. Quizás no sea en este año escolar; pero, tarde o temprano, verás cómo disminuye el poder de estas personas. No envidies a los malos que siempre hacen cosas malas y se salen con la suya. Su maldad quizás no se desvanezca, pero el peso de su poder disminuirá.

¿Alguna vez conociste a alguien que haya sido un matón y más adelante haya cambiado?

24

Camina

Antes ustedes estaban muertos a causa de su desobediencia y sus muchos pecados. Vivían en pecado, igual que el resto de la gente, obedeciendo al diablo —el líder de los poderes del mundo invisible—, quien es el espíritu que actúa en el corazón de los que se niegan a obedecer a Dios.

–EFESIOS 2:1-2

El mundo nos insta a ser egoístas, a cuidar nuestros intereses y a hacer lo que mejor nos parezca. Como mujeres, el mundo nos dice que expongamos nuestra femineidad y no dejemos nada librado a la imaginación masculina.

El camino del mundo es aquel que transitabas antes de conocer a Cristo. Como cristiana, ya no caminas más por ahí. Este sendero quedó en el pasado, y ahora vas por el camino de la obediencia a Cristo porque recibiste el regalo de la vida eterna.

¿Cómo cambió tu camino cuando aceptaste a Cristo?

Que tus palabras bendigan a otros

No empleen un lenguaje grosero ni ofensivo. Que todo lo que digan sea bueno y útil, a fin de que sus palabras resulten de estímulo para quienes las oigan.

–EFESIOS 4:29

El lenguaje grosero y ofensivo va más allá de las malas palabras. Es cualquier cosa que denigre a los demás. Eso incluye el chisme y los desaires. Piensa en tus conversaciones. ¿Te importaría si otras personas las escucharan? Si tu respuesta es «Sí», entonces deberías dejar de hablar de esa manera. Como cristiana, tus palabras tienen que traer belleza y consuelo a los demás, en lugar de herirlos.

Como maestra, veo que las alumnas se ven tentadas a usar lenguaje grosero en el baño de las mujeres, a la hora de comer y detrás de cualquier pantalla asociada con la tecnología. ¿Tus palabras en esos lugares edifican a los demás o los denigran?

¿Cambias tu manera de hablar según las personas que hay a tu alrededor?

26

Perdona

Por el contrario, sean amables unos con otros, sean de buen corazón, y perdónense unos a otros, tal como Dios los ha perdonado a ustedes por medio de Cristo.

–EFESIOS 4:32

Cuando otros nos causan dolor, es fácil detestarlos o desestimarlos, pero es difícil perdonarlos. Nos cuesta superar el dolor que las personas nos causan, pero eso es lo que Dios nos pide. ¿Cómo podemos dejar atrás la herida y olvidar lo que sucedió? Este versículo nos da la respuesta. Como Cristo nos perdonó, debemos perdonarnos unos a otros. No importa lo que alguien haga para infligirnos dolor; no puede compararse con lo que le hicimos a Cristo. Enviamos al Señor a la cruz. Nuestro pecado lo puso allí. Recordar cómo Cristo nos perdonó el dolor más terrible que podamos imaginar (nuestro pecado) nos ayuda a ver el perdón desde una perspectiva correcta. Podemos perdonar a los demás sus errores porque Cristo nos perdonó a nosotras, y lo que le hicimos supera completamente lo que otra persona puede habernos hecho.

¿Por qué te parece que el perdón nos cuesta tanto a veces?

27

Vive como hija de la Luz

Pues antes ustedes estaban llenos de oscuridad, pero ahora tienen la luz que proviene del Señor. Por lo tanto, ¡vivan como gente de luz! Pues esa luz que está dentro de ustedes produce solo cosas buenas, rectas y verdaderas. Averigüen bien lo que agrada al Señor.

–EFESIOS 5:8-10

Las bombillas de la luz no están encendidas cuando las compramos. Tenemos que llevarlas a nuestra casa, enroscarlas en una toma de corriente y tocar el interruptor que las controla para que brillen. Antes de aceptar a Cristo, eras como una bombilla de luz en un estante de la tienda. Estabas apagada; pero, como aceptaste a Cristo, ahora brillas. Tocaron el interruptor. La justicia, la honestidad y la verdad deben fluir de la luz que emites. Estas cosas agradan al Señor, que es la fuente de tu luz.

¿Qué diferencia hay en la luz que emites ahora que eres cristiana?

Desenmascara la oscuridad

> No participen en las obras inútiles de la maldad y la oscuridad; al contrario, sáquenlas a la luz.
>
> **–EFESIOS 5:11**

A veces, cuando te atrapan intentando ser alguien que no eres, no te das cuenta de que hablar sobre otros, burlarse de los demás y guardar lugar para algunos y no otros es una pérdida de tiempo y energía. La conducta mezquina como esta es oscura, inútil y sin sentido. No le hace bien a nadie. Como cristiana, no tienes que participar de conductas tan lamentables. Es más, tienes que desenmascararlas. Ahora bien, revelar la bajeza quizás no te transforme en la chica más popular, pero eres llamada a agradar a Dios y no a los demás.

En las últimas semanas, ¿has visto cómo algunos trataban mal a los demás? Si así fue, ¿qué hiciste?

Tu futuro esposo

Para los maridos, eso significa: ame cada uno a su esposa tal como Cristo amó a la iglesia. Él entregó su vida por ella.

–EFESIOS 5:25

No eres demasiado joven como para empezar a orar por tu futuro esposo. Cuando ores por él, pide que te ame como Cristo amó a la Iglesia y que entregue su vida por ti como Cristo dio Su vida por la Iglesia. Tu función en tu futuro matrimonio es someterte o sujetarte a tu esposo. Esto no será difícil si un hombre te ama como Cristo amó a la Iglesia. ¡Espera a un hombre así! ¡Ora por un hombre así!

¿Cuáles son los beneficios de casarse con un cristiano?

Vive de una manera digna del evangelio

Sobre todo, deben vivir como ciudadanos del cielo, comportándose de un modo digno de la Buena Noticia acerca de Cristo...

–FILIPENSES 1:27

Si juegas a algún deporte, piensa en el orgullo que sientes cuando te pones tu camiseta, en especial si tu equipo está en una racha ganadora. Si juegas para tu escuela, piensa en cómo tus entrenadores enfatizan que representas a tu escuela incluso cuando no usas tu camiseta. Piensa en las normas académicas y de conducta que debes respetar para estar en el equipo. Como cristiana, estás en el equipo de Dios. Juegas para Él y lo representas. Al jugar para Su equipo, debes vivir, hablar, vestirte y pensar de manera que lo honres.

En contexto, este versículo nos insta a vivir de una manera digna del evangelio no solo en forma individual, sino también como grupo de creyentes unidos, tal como a los jugadores se les instruye que jueguen como uno en forma desinteresada. Los cristianos tenemos que vivir como un equipo: buscar el bien del otro, honrar al Señor y usar la camiseta del equipo con orgullo.

Si el equipo de Dios tuviera un lema, ¿cuál sería?

Pon a los demás en primer lugar

No sean egoístas; no traten de impresionar a nadie. Sean humildes, es decir, considerando a los demás como mejores que ustedes. No se ocupen solo de sus propios intereses, sino también procuren interesarse en los demás.

–FILIPENSES 2:3-4

Jesús nos pintó una hermosa imagen de la humildad cuando lavó los pies de los discípulos. Se arrodilló y los sirvió limpiando la parte más sucia de sus cuerpos y, después de lavarles los pies, les dijo que se sirvieran unos a otros.

Jesús sabe que el servicio mutuo fortalece las relaciones, los hogares y las comunidades. Desea que sirvamos a los que nos pone en el camino: a nuestra familia y amigos. Debemos considerar a estas personas como más importantes que nosotras mismas. En lugar de pensar que somos superiores a nuestros hermanos, tenemos que colocarlos por encima de nosotras con humildad. En vez de competir por celos, debemos servir. En lugar de despreciar a otra chica por orgullo, debemos considerarla mejor que nosotras.

*¿Cuándo fue la última vez que serviste a alguien?
¿Cómo te sentiste?*

32

Brilla

Hagan todo sin quejarse y sin discutir, para que nadie pueda criticarlos. Lleven una vida limpia e inocente como corresponde a hijos de Dios y brillen como luces radiantes en un mundo lleno de gente perversa y corrupta.

–FILIPENSES 2:14-15

Me encanta ver las pequeñas lucecitas que iluminan el árbol de Navidad en una habitación oscura. También me gusta cómo las estrellas brillantes encienden el cielo nocturno. Estas son excelentes imágenes de cómo una cristiana debe brillar en el mundo que la rodea. Una manera de irradiar la luz de Cristo es no quejarse ni discutir. Piensa en cómo solo esto cambiaría a nuestras familias. ¿Imaginas el cambio que veríamos en nuestros hogares si no nos quejáramos con nuestros padres, no peleáramos ni discutiéramos con ellos ni con nuestros hermanos?

¿De qué te quejas?

Adquiere sabiduría

El temor del Señor es la base del verdadero conocimiento, pero los necios desprecian la sabiduría y la disciplina.

–PROVERBIOS 1:7

Uno de los sinónimos que usa el Salmo 19:9 para hacer referencia a la Palabra de Dios es «temor del Señor» (LBLA). Aquí, en Proverbios 1:7, leemos que el «temor del Señor», o la Palabra de Dios, es el principio de la sabiduría. Leer la Biblia es el principio del conocimiento, la sabiduría y la disciplina. Podemos ir a la escuela y estudiar para adquirir conocimiento, pero el único lugar para fundamentar y probar ese conocimiento es la Biblia. La Palabra de Dios nos enseña, nos guía y nos corrige. Para beneficiarnos de su instrucción, tenemos que leerla.

Completa el espacio: «Mi Biblia es _____».
¿Por qué elegiste esa respuesta?

Camina en Él

Por lo tanto, de la manera que recibieron a Cristo Jesús como Señor, ahora deben seguir sus pasos. Arráiguense profundamente en él y edifiquen toda la vida sobre él. Entonces la fe de ustedes se fortalecerá en la verdad que se les enseñó, y rebosarán de gratitud.

–COLOSENSES 2:6-7

Me gusta correr y participar de carreras. El propósito de la carrera es permanecer en la dirección correcta y terminar. No tendría sentido correr por otro camino que el establecido para la carrera. No llegarías a la meta.

Imagina a Cristo como la pista de carreras de la vida y vivir con Él en la eternidad como la línea de llegada. Tienes que caminar y correr en Él, el camino. Si permaneces en Cristo, creces y muestras gratitud; y, si estás arraigada en Él, llegarás a la meta. En este caso, la línea de llegada es solo el principio de la vida y no el final.

¿Qué implica caminar en Cristo?

… 35

Una teología sólida

No permitan que nadie los atrape con filosofías huecas y disparates elocuentes, que nacen del pensamiento humano y de los poderes espirituales de este mundo y no de Cristo.

–COLOSENSES 2:8

Es importante unirse a una iglesia que enseñe la Biblia como la Palabra autorizada de Dios. Una iglesia que cree que la Escritura tiene autoridad enseña que la Palabra está por encima de cualquier otra enseñanza. La Palabra de Dios es fidedigna y afecta nuestra manera de ver al Señor, a la humanidad y al mundo. Asegúrate de estar en un lugar donde te enseñen esta verdad, en lugar de imitaciones engañosas.

¿Cómo sabes si una iglesia enseña la verdad?

Medita en las cosas celestiales

> Ya que han sido resucitados a una vida nueva con Cristo, pongan la mira en las verdades del cielo, donde Cristo está sentado en el lugar de honor, a la derecha de Dios. Piensen en las cosas del cielo, no en las de la tierra.
>
> **–COLOSENSES 3:1-2**

Aceptar a Cristo significa creer en Su muerte y Su resurrección. Él sufrió la muerte que merecíamos y pagó el precio por el pecado. Además, conquistó la muerte cuando se levantó de la tumba tres días después de morir. Por nosotras, Cristo murió para sufrir el castigo por el pecado y nos dio la promesa de la resurrección, que se cumplirá cuando regrese. Morimos a las formas del mundo porque tenemos la esperanza de estar con Cristo en el cielo algún día. Por esa esperanza, debemos pensar en las cosas celestiales y no dejarnos enredar por las cuestiones de este mundo.

¿Qué te da más felicidad: meditar en cosas celestiales o cosas de este mundo?

Entrega tu enojo

Pero ahora es el momento de eliminar el enojo, la furia, el comportamiento malicioso, la calumnia y el lenguaje sucio.

–COLOSENSES 3:8

¿Alguna vez buscaste la causa de algo malo que hiciste? Identificar lo que hace que actúes de mala manera puede ayudarte a dejar esa maldad en manos de Cristo. Tal vez trataste mal a alguien porque no te sentiste escuchada, porque alguien lastimó tus sentimientos o porque la otra persona era un blanco fácil. Cuando mantenemos el odio o la irritación en nuestro corazón, nos sale enojo de adentro, en general, a través de nuestras palabras. Nuestra lengua puede insultar, maldecir y causar dolor. Cuando le entregamos a Cristo nuestro enojo e irritabilidad, Él los disipa.

¿De qué maneras prácticas puedes entregarle tu enojo a Dios?

38

No mientas

No se mientan unos a otros, porque ustedes ya se han quitado la vieja naturaleza pecaminosa y todos sus actos perversos.

–COLOSENSES 3:9

El cáncer es una enfermedad terrible que ataca el cuerpo. Puede provocar un impacto sobre toda una familia y una comunidad, pero el cáncer en sí solo afecta al paciente. A medida que la enfermedad avanza por el cuerpo, la persona se debilita. Una manera de quitar el cáncer es someterse a tratamientos que llegan a todos los lugares donde la enfermedad se ha extendido. Considera que la mentira es como el cáncer. Tus mentiras pueden impactar a los que te rodean; pero, en realidad, solo te afectan a ti, ya que hacen estragos en tu interior. La única manera de librar tu vida de la mentira es someterse al tratamiento de la verdad. Di la verdad aunque debas enfrentar las consecuencias. Recibir un castigo para aprender la importancia de decir la verdad es siempre mejor que dejar que las mentiras te carcoman por dentro.

¿Hay algo que tengas que confesar?

39

Sé amable

Dado que Dios los eligió para que sean su pueblo santo y amado por él, ustedes tienen que vestirse de tierna compasión, bondad, humildad, gentileza y paciencia.

–COLOSENSES 3:12

Ser cristiano significa vivir en santidad. Ser santo significa 'distinguirse' o 'estar apartado para algo'. ¿Qué mejor que el amor para distinguirte en un mundo lleno de odio? Has sido llamada a ser compasiva, amable, humilde, atenta y paciente.

Cuando vas en el auto con uno de tus padres, ¿ves que los demás conductores se manejen con compasión, amabilidad y paciencia? Probablemente no. Este mundo está lleno de egoísmo, dureza e impaciencia. Puedes comprobarlo si tan solo vas a dar una vuelta en auto por la ciudad. Como cristiana, eres llamada a darle otro rumbo a tu vida. En vez de meterte delante de los demás y correr para adelantarte, distínguete amando a los demás y tratándolos con amabilidad.

¿Cuán a menudo sientes que tu comportamiento te diferencia de las personas del mundo?

ar
Acepta y perdona

Sean comprensivos con las faltas de los demás y perdonen a todo el que los ofenda. Recuerden que el Señor los perdonó a ustedes, así que ustedes deben perdonar a otros.

–COLOSENSES 3:13

Este versículo retoma la frase de Colosenses 3:12, que se trata de ser amable. Lo que nos ayuda a amar y ser amables es aceptar a los demás tal cual son y perdonarlos cuando se comportan mal. Conocer la historia de la vida de alguien nos ayuda a aceptarlo como es y a perdonarlo si es necesario. Recuerda que nuestro modelo para aceptar y perdonar a los demás es Dios. El Señor nos acepta tal cual somos y nos perdona la peor de las ofensas. Tal como Él nos perdonó, nosotras también debemos perdonar.

¿Tienes algún viejo rencor que necesites dejar atrás?

41

Paz

Y que la paz que viene de Cristo gobierne en sus corazones. Pues, como miembros de un mismo cuerpo, ustedes son llamados a vivir en paz. Y sean siempre agradecidos.

–COLOSENSES 3:15

Muchas situaciones pueden controlar nuestro corazón. Por ejemplo, cuando leemos o miramos alguna historia, cuando nos invade un sentimiento, cuando nos enamoramos, cuando estamos decididas a hacer algo, cuando sentimos celos, etc. En Su Palabra, Dios nos dice que permitamos que Su paz controle nuestro corazón. La paz es genuina; no podemos fingirla. O la tenemos o no la tenemos. Si tenemos paz en el corazón, la calma reina sobre todos nuestros pensamientos y sentimientos, y nos inunda la gratitud. Ora para que la paz de Cristo gobierne en tu corazón.

Describe un momento en el que hayas sentido paz.

42

Oración

Dedíquense a la oración con una mente alerta y un corazón agradecido.

–COLOSENSES 4:2

¿En qué inviertes tu tiempo y tu energía? ¿Te dedicas a sobresalir en lo académico, en algún deporte o en las artes? Si así es, ya sabes el tiempo y la práctica que esto te demanda. Lo mismo sucede con la oración. Dedicarte a la oración exige tiempo y energía. También requiere que te propongas practicar la oración. Cuando ores, concéntrate en lo que digas, para que puedas ver cómo Dios obra y puedas dar gracias sin importar si la respuesta es lo que esperabas o no.

¿Cómo puedes mejorar en la práctica de la oración?

43

Ama a todos

Y que el Señor haga crecer y sobreabundar el amor que tienen unos por otros y por toda la gente, tanto como sobreabunda nuestro amor por ustedes.

–1 TESALONICENSES 3:12

Al igual que los tesalonicenses, somos llamados a amarnos unos a otros. No obstante, ¿alguna vez te diste cuenta de que es más fácil amar a algunas personas que a otras? La gente que es amable y respetuosa es fácil de amar. Es fácil querer a las personas divertidas y que están siempre de buen humor. Pero ¿qué sucede con los que son malos, temperamentales y deprimentes? ¿Qué pasa con los que son distintos de nosotras? ¿Cómo debemos actuar cuando alguien nos lastima? En todas estas situaciones que nos desagradan, debemos amar. Si sientes que no tienes amor para las personas difíciles de amar, pídele al Señor que te ayude. Él lo hará porque es amor.

¿Necesitas que el Señor aumente tu amor por alguien?

El rechazo

Dios nos ha llamado a vivir vidas santas, no impuras. Por lo tanto, todo el que se niega a vivir de acuerdo con estas reglas no desobedece enseñanzas humanas sino que rechaza a Dios, quien les da el Espíritu Santo.

–1 TESALONICENSES 4:7-8

Santificación es una palabra importante. Implica ser santos. Como cristianas, somos llamadas por Dios a vivir una vida santa. Elegir una vida contaminada o impura es rechazar a Dios y al Espíritu Santo, que te ha sido dado hasta que Jesús vuelva. El versículo 8 plantea una ironía para las chicas de tu edad, ya que es común que tomen malas decisiones por temor a que las rechacen; sin embargo, a su vez, por las malas decisiones, terminan rechazando a Dios. Preocuparte porque te rechacen contribuye a que no agrades a Dios. El Señor te llama a preocuparte más por Su rechazo cuando hagas algo incorrecto que a inquietarte porque los demás te rechacen cuando hagas lo correcto.

¿Cuándo te sentiste rechazada?

45

Vístete

Pero los que vivimos en la luz estemos lúcidos, protegidos por la armadura de la fe y el amor, y usemos, por casco, la confianza de nuestra salvación.

–1 TESALONICENSES 5:8

Como cristiana, perteneces a la luz, o al día. Ya no caminas en oscuridad. Como perteneces al día, debes vestirte de fe, amor y esperanza. Estas tres virtudes se consideran una armadura que señala que estás en medio de una batalla que se libra entre la luz y la oscuridad. Como eres hija de la luz, la oscuridad intentará atacarte. Recuerda colocarte la armadura todos los días. Ella te protegerá en el combate contra las fuerzas de la oscuridad. Presta atención adónde va cada parte de la armadura sobre tu cuerpo. La fe y el amor se colocan sobre tu pecho para proteger el corazón, y la esperanza se pone sobre la cabeza para proteger los pensamientos.

¿A veces te parece que peleas una batalla todos los días? ¿Qué sientes al respecto?

46

Recuerda y practica

> Con todo esto en mente, amados hermanos, permanezcan firmes y sigan bien aferrados a las enseñanzas que les transmitimos tanto en persona como por carta.
>
> **–2 TESALONICENSES 2:15**

Soy una persona nostálgica. Me importa mucho que mis hijos experimenten las mismas tradiciones que yo viví cuando era niña. Me gusta que, como yo, ellos tengan recuerdos de haber comido siempre un cierto plato en el Día de Acción de Gracias, de haber desayunado lo mismo todas las Navidades, de haberse quedado dormidos con sus árboles de Navidad en miniatura encendidos en sus habitaciones y de haber comido bocadillos en la piscina con el calor del sol veraniego.

La fe cristiana también tiene muchas tradiciones. La Pascua, la Navidad, la Cena del Señor, los bautismos, las bodas y la adoración colectiva son algunas de ellas. Debemos permanecer firmes en nuestras tradiciones cristianas y celebrar y adorar con otros creyentes. Formar parte de una iglesia nos permite ser constantes y practicar las tradiciones de nuestra fe.

¿Cuáles son tus tradiciones favoritas?

Ocúpate de tu propia vida

Sin embargo, oímos que algunos de ustedes llevan vidas de ocio, se niegan a trabajar y se entrometen en los asuntos de los demás. Les ordenamos a tales personas y les rogamos en el nombre del Señor Jesucristo que se tranquilicen y que trabajen para ganarse la vida.

–2 TESALONICENSES 3:11-12

Estos versículos pueden parecerte raros cuando los lees por primera vez, pero son muy apropiados para tu edad. Las chicas dedican mucho tiempo y energía para concentrarse en otras personas y hablar de sus asuntos, cuando en realidad no es asunto de ellas. Estos versículos hablan de esta conducta. Interferir con los asuntos de los demás es irresponsable. ¿Estás siendo irresponsable con tu tiempo? ¿Pasas tiempo detrás de una pantalla siguiéndoles la pista a los demás? Cuando estás en la escuela, ¿te dedicas a chismear con otras chicas? Si es así, toma el consejo del versículo 12 y come de tu propio pan (LBLA). Preocúpate por lo que hay en tu «plato» y no en el del vecino.

¿Hoy pasaste más tiempo pensando en tus propias acciones o en las de los demás?

48

¿De quién eres responsable?

En cuanto al resto de ustedes, amados hermanos, nunca se cansen de hacer el bien.

–2 TESALONICENSES 3:13

Mis hijos tienen tres y cinco años. Les encanta delatar al otro. Cuando uno de ellos se porta mal, el otro me lo informa. Les gusta señalar la conducta o los errores del hermano para que parezca que ellos se portan mejor. La motivación de un soplón no es solo meter en problemas a la otra persona, sino llamar la atención a lo bien que se porta en comparación con el que se equivocó. Cuando uno de mis hijos delata al otro, le hago una pregunta al informante: «¿De quién eres responsable?». Quiero que se concentre en sí mismo y en su propia conducta, no en la del hermano.

A veces, la mala conducta de los demás puede cansarte. Ves que tus compañeros de la escuela se portan mal y se salen con la suya, y te preguntas: «¿Para qué sirve intentar portarse bien?». En lugar de hacer esa pregunta, pregúntate de quién eres responsable. Tu responsabilidad como cristiana es concentrarte en ti misma y no en lo que los demás hacen. No te canses de hacer el bien o de ser buena. Recuerda que tu modelo es Dios, no las otras personas.

¿Quién o qué te impide perseverar en hacer lo correcto?

Da testimonio a las generaciones futuras

No les ocultaremos estas verdades a nuestros hijos; a la próxima generación le contaremos de las gloriosas obras del Señor, de su poder y de sus imponentes maravillas.

–SALMO 78:4

El Salmo 78 es una canción de Asaf. Al igual que el rey David, Asaf era un compositor. En el Salmo 78, Asaf sigue el rastro de las maravillas de Dios, que se manifestaron tanto en el pacto con Jacob como en el tiempo cuando el Señor rescató a los israelitas de Egipto y les proporcionó lo que necesitaban en el Sinaí; y la canción termina con la mención del rey David. El salmo empieza diciendo: «A la próxima generación le contaremos de las gloriosas obras del Señor». Cuando empiezas a relacionarte con Cristo, te apuntas para contarle al mundo todas Sus obras maravillosas, registradas en la Escritura. Ahora tienes la responsabilidad de contarles a las generaciones futuras sobre las obras admirables del Señor: las que se describen en Su Palabra y las de tu propia vida. Cuéntales las historias de Dios a tus hijos, a tus nietos y a las generaciones que vengan después de ti.

¿Hay alguien en tu vida que necesite escuchar las historias de Dios hoy?

Hay dos caminos

Pues la sabiduría entrará en tu corazón, y el conocimiento te llenará de alegría. Las decisiones sabias te protegerán; el entendimiento te mantendrá a salvo. La sabiduría te salvará de la gente mala, de los que hablan con palabras retorcidas. Estos hombres se alejan del camino correcto para andar por sendas tenebrosas.

–PROVERBIOS 2:10-13

Como cristiana, debes caminar por el sendero de la sabiduría y no por el de la oscuridad. En el camino sabio encontrarás conocimiento. Es un sendero agradable, y caminar por él evita que te desvíes por el de la oscuridad. Los que transitan el camino de la oscuridad hablan en forma corrompida y abandonan el sendero de la sabiduría. Deciden ir por el camino de la oscuridad porque les gusta hacer lo malo (Prov. 2:14). Elegir el camino de la sabiduría te protege de estas personas, porque los dos caminos no se cruzan.

Si tuvieras que dibujar los caminos de la sabiduría y la oscuridad, ¿en qué se diferenciarían?

51

Acepta la disciplina

Hijo mío, no rechaces la disciplina del Señor ni te enojes cuando te corrige. Pues el Señor corrige a los que ama, tal como un padre corrige al hijo que es su deleite.

–PROVERBIOS 3:11-12

A veces, nos sentimos mal y avergonzadas cuando nos metemos en problemas. ¿Alguna vez escuchaste que decían tu nombre por el intercomunicador de la escuela para que fueras a la oficina del director? Aunque no fuera para disciplinarte, igual sientes que se te enciende el rostro de la vergüenza. Pero, cuando estás en una situación disciplinaria en la escuela o en casa, te inunda una sensación de ansiedad y, por más que quisieras creer que es solo un sueño, ¡te das cuenta de que te descubrieron!

Sin embargo, la Escritura nos insta a aceptar la disciplina y la represión de buena gana, a no resistirnos a ella ni ridiculizar a los que la aplican. Dios disciplina por amor y siempre quiere lo mejor para nosotras. No desea avergonzarnos, sino cambiarnos.

Anota una oración abajo y pide que tu corazón pueda abrirse y aprender de la disciplina.

Protege tu corazón

Sobre todas las cosas cuida tu corazón, porque este determina el rumbo de tu vida.

–PROVERBIOS 4:23

En algún momento, tienes que enchufar a un tomacorriente cualquier aparato tecnológico que uses. De esa terminal, fluye la electricidad que tus aparatos necesitan para encenderse. Tu corazón es como un tomacorriente. De allí fluye la vida. Lo que permites que se enchufe en ti afectará tu calidad de vida. Un tomacorriente no puede elegir a qué le da energía, pero tú sí. No «cargues» malas relaciones y decisiones insensatas. Reducirán drásticamente la vida y la energía de tu corazón.

¿Qué tienes que dejar de «cargar»? ¿Una amistad que no agrada a Dios? ¿Un mal hábito?

53

Entrena

No pierdas el tiempo discutiendo sobre ideas mundanas y cuentos de viejas. En lugar de eso, entrénate para la sumisión a Dios. «El entrenamiento físico es bueno, pero entrenarse en la sumisión a Dios es mucho mejor, porque promete beneficios en esta vida y en la vida que viene».

–1 TIMOTEO 4:7-8

Todos los que hacen ejercicio en forma habitual afirman que se sienten más fuertes. Hacer ejercicio nos ayuda a fortalecer el cuerpo y a tener más claridad mental. Lo que le señala Pablo a Timoteo en esta carta es que el ejercicio no puede beneficiarnos en la vida venidera. La actividad física nos ayuda a mantener un peso saludable y a sentirnos mejor, pero nos ayuda en esta vida presente, no en la eterna. Mantenernos en buen estado físico es importante, pero un cuerpo en forma no es lo que nos permite entrar al reino de los cielos. Tenemos que entrenarnos en la piedad con la misma intensidad que entrenamos el cuerpo cuando ejercitamos. La diferencia es que la piedad nos promete un beneficio en la vida eterna y el ejercicio no.

¿Prefieres el ejercicio físico o espiritual? ¿Por qué son importantes los dos?

Conténtate

Ahora bien, la verdadera sumisión a Dios es una gran riqueza en sí misma cuando uno está contento con lo que tiene.

–1 TIMOTEO 6:6

Los cristianos deben parecerse a Cristo. Este mundo tiene que ver en nosotras un reflejo de lo que es amar y seguir a Jesús. Debemos ser piadosas, santas y apartadas para Dios porque Él es santo. Para entrenarnos en sumisión a Dios, hace falta disciplina. La sumisión al Señor puede requerir que digamos «No» cuando todos los demás dicen «Sí». La clave para disciplinarnos en esto es orar pidiendo que Dios nos ayude a contentarnos. Si decimos «No» sin contentarnos, nuestra postura no durará demasiado. Cuando decimos «No» porque verdaderamente queremos separarnos de lo que hace todo el mundo nuestra ganancia es inmensa.

¿Cuándo has tenido que decir «No» al mundo?

Conténtate con menos

Después de todo, no trajimos nada cuando vinimos a este mundo ni tampoco podremos llevarnos nada cuando lo dejemos. Así que, si tenemos suficiente alimento y ropa, estemos contentos.

–1 TIMOTEO 6:7-8

En los programas de supervivencia que muestran en la televisión, el fuego y el refugio son siempre las primeras cosas esenciales que intentan conseguir los concursantes. Usan lo poco que les dan y lo que pueden encontrar. Esos programas me recuerdan que las cosas imprescindibles para permanecer con vida son mínimas.

Nuestro mundo nos enseña otra cosa. Nos dice que cada conductor de una casa necesita un auto, que todo guardarropa debe estar a la última moda y que nuestros artefactos tecnológicos siempre tienen que estar actualizados. En Su Palabra, Dios nos enseña que no vale la pena todo el alboroto por tener lo más nuevo y lo último en el mercado porque no podemos llevar nada de esto con nosotras. Si nos aferramos a los bienes materiales, nunca aprenderemos a contentarnos porque siempre querremos lo más nuevo y resplandeciente. Lo que necesitamos aprender es a contentarnos con menos.

Enumera diez elementos supuestamente esenciales que tú tienes a diferencia de muchas personas en otros países.

56

Busca la piedad

Pero tú, Timoteo, eres un hombre de Dios; así que huye de todas esas maldades. Persigue la justicia y la vida sujeta a Dios, junto con la fe, el amor, la perseverancia y la amabilidad.

–1 TIMOTEO 6:11

Pablo anima a Timoteo a huir del deseo de querer cada vez más. Como chicas, podemos aprender de esta lección. Queremos los pantalones vaqueros de última moda, las botas más nuevas, los bolsos de marcas conocidas y los accesorios más populares. No está mal tener estos bienes materiales, siempre y cuando entendamos que no le añaden nada a nuestro valor.

Dios nos valora tal como somos y desea que anhelemos tener las características de una persona sujeta a Él, en lugar de desear lo que el dinero puede comprar. Él quiere que busques las cosas de arriba en lugar de acumular bienes aquí abajo porque sabe que, al fin y al cabo, solo Él puede satisfacernos.

¿En qué sentido Dios es más satisfactorio que los bienes materiales?

Espera en Dios

Enséñales a los ricos de este mundo que no sean orgullosos ni que confíen en su dinero, el cual es tan inestable. Deberían depositar su confianza en Dios, quien nos da en abundancia todo lo que necesitamos para que lo disfrutemos.

–1 TIMOTEO 6:17

Yo estoy a favor de soñar a lo grande porque el Señor es un Dios grande. Sin embargo, nuestros sueños y esperanzas necesitan cierto elemento de realidad. Podemos tener grandes sueños, pero no tan grandes que sean imposibles de alcanzar.

Dios nos advierte sobre un sueño en particular: el sueño de volverse rico. El Señor dice que la riqueza es incierta. Puede perderse tan fácil como se ganó. Sin embargo, Dios nunca nos deja y nos provee una protección mucho mayor de la que da el dinero. Nuestros sueños y esperanzas deben centrarse alrededor de nuestro Proveedor supremo.

¿La riqueza es parte de lo que sueñas para tu vida?

Sé generosa

Diles que usen su dinero para hacer el bien. Deberían ser ricos en buenas acciones, generosos con los que pasan necesidad y estar siempre dispuestos a compartir con otros.

–1 TIMOTEO 6:18

«¡Es mío!» es una frase que suelo escuchar cuando mis hijos discuten por juguetes. Cada uno trata de afirmar su propiedad sobre el juguete que es el centro de la pelea. De verdad creen que, si tienen el juguete en la mano y lo reclaman primero, es de ellos. En medio de su disputa, les recuerdo que nada es nuestro y que todo le pertenece a Dios. Por extraño que parezca, esta afirmación verdadera los hace parar y empezar a negociar algún intercambio.

Dios es dueño de todo porque es el Creador de todo. Es el que hizo la luz, creó la atmósfera y comenzó la vida. Todo lo que tenemos viene de Dios. Como Propietario, nos exige que seamos generosos con lo que nos da. Hacer buenas obras y ser generosos refleja un corazón que reconoce a Dios como el Dueño de todo.

¿Te resulta fácil o difícil ser generosa?

Intrépida

Pues Dios no nos ha dado un espíritu de temor y timidez sino de poder, amor y autodisciplina.

–2 TIMOTEO 1:7

Cuando eras pequeña, probablemente tuviste pesadillas que te dejaban llena de miedo cuando despertabas. Espero que tus padres hayan estado allí para reconfortarte y asegurarte que no había nada que temer. Ahora que eres más grande, enfrentarás miedos distintos y más grandes, y tendrás que decidir cómo los abordarás y quién te ayudará. Un miedo que quizás tengas es *¿Cómo puedo vivir de verdad para Dios en este mundo y servirlo sin importar las consecuencias? ¿Y si echo todo a perder?* En 2 Timoteo 1:7, Pablo asegura que puedes ser valiente... Dios te ha bendecido con muchos dones y los usará.

La madurez espiritual suele venir con algunos desafíos intimidantes. No importa cuáles sean tus temores, puedes saber que Dios estará contigo cuando los enfrentes. Puede darte la sabiduría para escoger el camino correcto y el valor para enfrentar cualquier cosa o persona que intente persuadirte de salir de ese camino.

¿Te consuela saber que Dios está contigo cuando tienes miedo?

Busca la justicia

Huye de todo lo que estimule las pasiones juveniles. En cambio, sigue la vida recta, la fidelidad, el amor y la paz. Disfruta del compañerismo de los que invocan al Señor con un corazón puro.

–2 TIMOTEO 2:22

Las pasiones juveniles incluyen cosas como querer ser popular, desear estar en medio de los conflictos inútiles y anhelar la última moda, juego o producto de Apple para poder hacer alarde de ellos. Dios te dice que huyas de estos deseos. ¿Cómo escapas de estas cosas cuando estás rodeada de otros jóvenes que corren hacia estos deseos? Pablo responde esta pregunta usando el verbo *sigue*. Debes seguir las cosas de Dios para huir de las del mundo. No puedes permanecer neutral mientras el resto de tus amigos corren tras las pasiones juveniles. Si lo haces, quedarás atrapada en la corriente. Tienes que acelerar la marcha y nadar cuesta arriba, contra la corriente de las pasiones juveniles.

Completa el espacio: «Lo que más quiero es _____». ¿Tu respuesta es un deseo que agrada a Dios o es algo de este mundo?

Mantén la meta a la vista

Pues la gracia de Dios ya ha sido revelada, la cual trae salvación a todas las personas. Y se nos instruye a que nos apartemos de la vida mundana y de los placeres pecaminosos. En este mundo maligno, debemos vivir con sabiduría, justicia y devoción a Dios, mientras anhelamos con esperanza ese día maravilloso en que se revele la gloria de nuestro gran Dios y Salvador Jesucristo.

–TITO 2:11-13

Cuando quiero correr una distancia larga, me ayuda familiarizarme con el sendero. Conocer el camino es útil cuando corro porque sé que mi travesía tiene un final. Lo mismo sucede cuando conduzco distancias largas. Un punto azul en el mapa de mi teléfono, que indica mi ubicación, me mantiene motivada mientras lo veo acercarse a mi destino final.

En la vida, tu carrera tiene un final. Como cristiana, tu destino final es la eternidad con Dios. El Señor te llama a correr la carrera con la meta a la vista. Mientras esperas el regreso de Cristo, rechaza la impiedad y los placeres de este mundo. Piensa en la promesa del regreso de nuestro Salvador y deja que te motive a vivir de manera sensata, justa y que agrade a Dios.

Cuando enfrentas un desafío difícil, ¿te ayuda concentrarte en el objetivo y la recompensa?

62

Guarda tu agua

Bebe agua de tu cisterna y agua fresca de tu pozo. ¿Se derramarán por fuera tus manantiales, tus arroyos de aguas por las calles?

–PROVERBIOS 5:15-16, LBLA

Estos versículos hablan del matrimonio. «Beber agua de tu cisterna» significa mantener la intimidad dentro del matrimonio. Piensa en esto respecto a los jóvenes solteros y lo que publican en las redes sociales. Hay imágenes que solo son para los ojos de un cónyuge y que se publican para que todos las vean. Las personas que publican fotos tan íntimas dejan que se «derramen sus arroyos de aguas por las calles». Comparten con los demás algo que debería ser solo para su cónyuge.

Un día, cuando te cases, te entregarás a tu esposo y no al público. Como quizás seas la esposa de alguien algún día, comienza a guardar ahora para él lo que le pertenecerá en el futuro.

¿Qué preguntas puedes hacerte antes de tomar fotos y publicarlas en las redes sociales?

63

Una chica de pocas palabras

Hablar demasiado conduce al pecado. Sé prudente y mantén la boca cerrada.

–PROVERBIOS 10:19

Dios dio a las mujeres una gran habilidad para la comunicación. Tenemos la necesidad de usar más palabras por día que los muchachos. Es como si empezáramos el día con un banco lleno de palabras y, a lo largo del día, ese banco se fuera vaciando. Examina tu banco de palabras. ¿Qué palabras hay allí? ¿Son edificantes o hirientes? ¿Giran alrededor de los conflictos superfluos o animan a los demás? ¿Contienen chisme sobre otros o glorifican a Dios?

Como cristianas, sabemos que tenemos que controlar las palabras que usamos y cuándo las usamos. A veces, lo mejor sería decir poco o nada en absoluto.

Piensa en tu día. ¿Hubo momentos en los que dijiste demasiado o escogiste las palabras incorrectas?

Lenta para enojarte

Mis amados hermanos, quiero que entiendan lo siguiente: todos ustedes deben ser rápidos para escuchar, lentos para hablar y lentos para enojarse. El enojo humano no produce la rectitud que Dios desea.

–SANTIAGO 1:19-20

Como cristiana, Dios te está santificando. Eso significa que estás en un estado constante de purificación por parte del Señor. Él quiere transformarte y hacerte más parecida a Su Hijo. A veces, lo que obstaculiza este proceso de purificación es el enojo. El enojo no te hace más parecida a Jesús ni lleva a cabo la obra santificadora de Dios.

En el versículo, parece haber una conexión entre el enojo, el hablar y el escuchar. Según mi experiencia, cuando estoy enojada, digo cosas que no debería decir. Y si mi enojo está dirigido a otra persona, me sentiría menos disgustada con ella si me detuviera a escuchar lo que está tratando de decirme.

El enojo encendido en nosotras evita que nos parezcamos a Jesús. Tenemos que aplastar la ira que nos quema por dentro y detenernos a escuchar en silencio.

¿Cuál es una buena oración para cuando intentas controlar tu enojo?

Aplica lo que escuchas

Pues, si escuchas la palabra pero no la obedeces, sería como ver tu cara en un espejo; te ves a ti mismo, luego te alejas y te olvidas cómo eres.

–SANTIAGO 1:23-24

Cuando te estás preparando por la mañana, sales del baño sabiendo cómo luces y, cuando quieres volver a examinar tu apariencia en la escuela, vas al baño para mirarte en el espejo. Si, después de almorzar, te miras al espejo y ves que tienes un pedazo de comida entre los dientes, remedias el problema antes de volver a clase. No querrías interactuar con otros con algo atascado entre los dientes. ¡Sería lamentable!

Aplicar la Palabra de Dios a nuestras vidas es como examinarnos en el espejo. Estudiamos lo que vemos, vamos por el día recordando y aplicando lo que leemos y luego volvemos al espejo de la Palabra de Dios para reexaminarnos. Por último, cuando encontramos algo atascado en nuestro corazón que no debería estar allí, le pedimos a Dios que nos lo saque.

¿De qué maneras puedes volver a concentrarte en la Palabra de Dios a lo largo del día?

Anticontaminación

La religión pura y verdadera a los ojos de Dios Padre consiste en ocuparse de los huérfanos y de las viudas en sus aflicciones, y no dejar que el mundo te corrompa.

–SANTIAGO 1:27

Todos sabemos que es bueno cuidar el medio ambiente. Tenemos que reciclar cuando podemos, controlar el tubo de escape del auto, apagar la luz cuando no la usamos, etc. Como cristianas, tenemos que cuidarnos aún más de la contaminación que puede afectar nuestras vidas. Necesitamos controlar el humo del mundo que dejamos entrar a nuestra mente y corazón porque, al seguir a Cristo, somos llamadas a ser «ecológicas». En lugar de permitir que la contaminación del mundo entre en nuestra vida, tenemos que causar un impacto en el mundo con nuestra pureza.

En tu vida, ¿hay algún hábito, aplicación del celular, película o canción que Dios pueda considerar «contaminante»?

Misericordiosa

No habrá compasión para quienes no hayan tenido compasión de otros, pero si ustedes han sido compasivos, Dios será misericordioso con ustedes cuando los juzgue.

–SANTIAGO 2:13

Todos los días, sacas conclusiones sobre los demás. Cuando sacas una conclusión negativa sobre una persona, es fácil empezar a juzgarla. Tu cabeza se llena de críticas contra ella y no queda lugar para la misericordia.

En Santiago 2, Dios nos recuerda que juzgará al que juzgue a los demás. En vez de juzgar, tenemos que ser misericordiosas. A veces, la gente quizás merezca ser juzgada; pero, si nos contenemos de emitir juicio, mostramos compasión. Después de todo, Dios fue misericordioso con nosotras cuando Cristo llevó sobre sí el juicio que merecíamos y, en cambio, nos atribuyó Su justicia.

¿Por qué es difícil ofrecerle misericordia a alguien que merece juicio?

La fe con obras

… la fe por sí sola no es suficiente. A menos que produzca buenas acciones, está muerta y es inútil. Ahora bien, alguien podría argumentar: «Algunas personas tienen fe; otras, buenas acciones». Pero yo les digo: «¿Cómo me mostrarás tu fe si no haces buenas acciones? Yo les mostraré mi fe con mis buenas acciones».

–SANTIAGO 2:17-18

Noé, Abraham, Isaac y Moisés son algunos de los hombres del Antiguo Testamento que, según Hebreos 11, vivieron por fe. Ellos creían en Dios y, por esa convicción, cumplieron con su obra. Pudieron llevar a cabo grandes cosas gracias a la fe que tenían en Dios.

Los creyentes del Antiguo Testamento confiaban en la promesa del Mesías que vendría, y nosotros confiamos en el Mesías prometido que ya vino. Al igual que la gente de fe del Antiguo Testamento, nosotras somos salvas mediante la fe por gracia de Dios. Y, tal como los creyentes de esa época, solo podemos realizar nuestras obras a través de la fe y gracias a la fe. No somos salvas por nuestras buenas obras, sino que nuestras buenas obras fluyen de esa fe salvadora.

¿A cuál creyente del Antiguo Testamento admiras más? ¿Por qué?

La lengua

De la misma manera, la lengua es algo pequeño que pronuncia grandes discursos. Así también una sola chispa puede incendiar todo un bosque. De todas las partes del cuerpo, la lengua es una llama de fuego. Es un mundo entero de maldad que corrompe todo el cuerpo. Puede incendiar toda la vida, porque el infierno mismo la enciende.

–SANTIAGO 3:5-6

El principio de Santiago 3 describe dos grandes objetos controlados por partes pequeñas. A un caballo, aunque es un animal poderoso, se lo puede controlar por una pequeña parte de la boca. Un barco es un vehículo inmenso, pero se guía por un timón. Estas descripciones son una comparación de cómo nuestras lenguas tan pequeñas controlan todo nuestro cuerpo. Nuestras palabras pueden guiarnos por el camino correcto o equivocado. Así como una chispa puede incendiar un bosque, nuestra lengua puede detonar toda clase de explosiones.

Necesitamos domar la lengua para no contaminar el mundo con los escombros que dejen nuestras palabras.

¿Cómo suele meterte en problemas tu lengua? ¿Con el chisme? ¿Con quejas? ¿Con palabras hirientes?

De amargo a dulce

Y así, la bendición y la maldición salen de la misma boca. Sin duda, hermanos míos, ¡eso no está bien!

–SANTIAGO 3:10

Unos días antes de que Moisés guiara a los israelitas a atravesar el mar Rojo, ellos empezaron a quejarse en el desierto porque tenían sed y necesitaban agua. Llegaron a Mara, donde había agua, pero no podían beberla porque era amarga. Moisés oró a Dios y le preguntó qué hacer, y el Señor le mostró un árbol y le dijo que tomara una rama de allí y la arrojara al agua. El agua se volvió dulce y potable. Así como Dios cambió el estado del agua de Mara, quiere también cambiar el estado de nuestro corazón para que nuestro vocabulario amargo se vuelva dulce. No quiere que la alabanza a Él y un lenguaje amargo sobre los demás salgan de la misma boca.

¿Qué se siente al estar cerca de una persona cuyas palabras son constantemente amargas y negativas?

71

Hecha a imagen de Dios

A veces [nuestra lengua] alaba a nuestro Señor y Padre, y otras veces maldice a quienes Dios creó a su propia imagen.

–SANTIAGO 3:9

Santiago 3 enseña que la alabanza y la maldición no pueden fluir de la misma boca. No podemos hablar mal de alguien el lunes en la escuela, cambiar de parecer el martes y terminar alabando a Dios en el grupo de jóvenes el miércoles. Santiago 3:9 nos recuerda que la persona a la que maldecimos fue hecha a imagen de Dios. Cada ser humano se asemeja al Señor, así que, cuando hablamos mal de alguien, estamos hablando mal de Dios. Es como cuando mis hijos expresan desagrado frente a una comida que yo preparé y les puse enfrente. Lo tomo en forma personal porque siento que están expresando desagrado por mí.

Tenemos que reconocer la huella de Dios en las personas de las cuales hablamos y darnos cuenta de que maldecirlas es expresar desagrado por el Dios que las creó.

¿Te cuesta hablar bien de ciertas personas en tu vida?

72

El orden

Pues, donde hay envidias y ambiciones egoístas, también habrá desorden y toda clase de maldad.

–SANTIAGO 3:16

Mi armario refleja el ritmo de mi vida. Si estoy muy ocupada y tengo algo que hacer cada hora del día, el armario suele estar hecho un desastre. Dejo ropa en el suelo cuando salgo corriendo de mi casa y no cuelgo las prendas cuando vuelvo agotada. El desorden de un armario es una buena imagen de lo que parecen nuestras vidas cuando nuestras motivaciones se vuelven envidiosas o egoístas. Cuando somos egoístas y buscamos reconocimiento o cuando permitimos que los celos se arraiguen en nuestro corazón, nos ocupamos de estas cosas y no procuramos ordenar nuestra vida. Entonces, todo queda hecho un desastre.

¿Qué parte de tu vida es la más ordenada? ¿Qué parte tiene más tendencia a terminar en ruinas?

73

No eres de este mundo

Si pertenecieran al mundo, el mundo los amaría como a uno de los suyos, pero ustedes ya no forman parte del mundo. Yo los elegí para que salieran del mundo, por eso el mundo los odia.

–JUAN 15:19

Antes de ser cristiana, eras de este mundo. Tus pensamientos y tus acciones le pertenecían al mundo. Pero, cuando Dios te eligió para sacarte del mundo, te transformaste en Su hija. Ahora estás en el equipo de Dios. Juegas para Él. Es tu entrenador y el jugador estrella del equipo. Lo que tienes que saber es que el mundo, el otro equipo, te odia porque odia al Señor. Ese odio lo clavó en la cruz, así que no esperes que el mundo te proteja ni quieras agradarle.

¿Quiénes son tus compañeros en el «equipo de Dios»? ¿Quién está en el otro equipo?

El Espíritu habla

Cuando venga el Espíritu de verdad, él los guiará a toda la verdad. Él no hablará por su propia cuenta, sino que les dirá lo que ha oído y les contará lo que sucederá en el futuro.

–JUAN 16:13

Como cristiana, aprenderás a confiar en el Espíritu Santo en tu interior. Sentirás que toca tu corazón para que hables por aquellos que no pueden defenderse. Escucharás que te susurra «Ten cuidado» antes de tomar alguna decisión. A veces tocará suavemente tu corazón y otras te traerá convicción. Te hará dejar de ver ciertas películas, alejarte de algunas situaciones y acercarte a determinadas personas. Necesitas entrenar tu oído para escuchar Su voz porque habla de parte de tu Padre.

¿Cuándo sentiste que el Espíritu Santo te guiaba?

Nunca vuelvas a tu vieja vida

Por lo tanto, vivan como hijos obedientes de Dios. No vuelvan atrás, a su vieja manera de vivir, con el fin de satisfacer sus propios deseos. Antes lo hacían por ignorancia.

–1 PEDRO 1:14

A los niños parece atraerles todo lo que es peligroso. Les gustan los cables, las cuerdas, los objetos afilados y las estufas encendidas. Una madre que encuentra a su hijo trepando hacia la placa de cocina con la mano extendida para tocar el quemador grita para que el niño no se queme, mientras corre a rescatarlo. El niño aprende a obedecer a su mamá y no vuelve a acercarse allí. Aprende esta disciplina porque sabe que su mamá lo ama y quiere cuidarlo; entonces, por amor a ella, obedece y no vuelve a hacer lo que se le prohibió.

Tú eres ese niño y, al igual que la mamá, Dios quiere rescatarte del dolor que puede evitarse, pero es necesario que seas obediente. Tienes que escuchar la voz de Dios cuando te instruye y, por amor a Él, obedecerle y no volver más al mal camino.

¿De qué peligros está intentando protegerte Dios?

Tratada con honor

De la misma manera, ustedes maridos, tienen que honrar a sus esposas. Cada uno viva con su esposa y trátela con entendimiento. Ella podrá ser más débil, pero participa por igual del regalo de la nueva vida que Dios les ha dado. Trátenla como es debido, para que nada estorbe las oraciones de ustedes.

–1 PEDRO 3:7

Tú eres una jovencita y este versículo les habla a los esposos, así que tal vez te preguntes qué tiene que ver contigo. La respuesta es «Mucho». En este pasaje, se encuentra la esperanza del hombre con el que quieres casarte algún día. Querrás casarte con un hombre que te honre, te trate de igual a igual y te reconozca como coheredera de la gracia de Dios. Es importante que te cases con un hombre que te abra la puerta, se levante cuando entres a una habitación, te pregunte tu opinión y la valore.

Como mujeres, no tenemos la misma fuerza física que un hombre. Además, tenemos ciertas sensibilidades que los hombres no tienen. El hombre con el que te cases debe entender esto, pero no tratarte como si eso te hiciera débil.

No te conformes con menos: debes recibir honra en tu futuro matrimonio, en tus relaciones de noviazgo y en tu amistad con los muchachos.

¿Cómo quieres que te trate tu futuro esposo?

Bendice

> Por último, todos deben ser de un mismo parecer. Tengan compasión unos de otros. Ámense como hermanos y hermanas. Sean de buen corazón y mantengan una actitud humilde. No paguen mal por mal. No respondan con insultos cuando la gente los insulte. Por el contrario, contesten con una bendición. A esto los ha llamado Dios, y él les concederá su bendición.
>
> **–1 PEDRO 3:8-9**

Cuando nos muerden, nuestro instinto es responder mordiendo. Si una chica nos insulta o nos hace burla, nos encargamos de que todo el mundo se entere de que no nos agrada. Tomamos su conducta desagradable y la correspondemos con algo igual o peor. Dios enseña que, en lugar de devolver insulto por insulto, tenemos que bendecir. ¿Imaginas una escuela en la cual las chicas no respondan a un insulto con otro insulto, o a un rumor con otro rumor? ¿Y una escuela donde las chicas no se desprecien ni lastimen los sentimientos de las demás? ¿Cómo sería no decir nada negativo el lunes sobre una amiga que no quiso que te sentaras con ella en el partido del viernes a la noche? En lugar de llevar ese peso contigo todo el fin de semana, ¿qué sucedería si lo dejaras atrás? En vez de hablar mal de una chica que te lastimó, ¿qué pasaría si decidieras no decir nada negativo sobre ella? Quizás serías la persona que detendría el efecto dominó de la maldad.

¿Quién necesita que lo bendigas?

78

Prepárate

... Si alguien les pregunta acerca de la esperanza que tienen como creyentes, estén siempre preparados para dar una explicación.

–1 PEDRO 3:15

Como cristiana, las personas notarán cosas de tu vida que no tienen sentido para ellas. Querrán saber por qué no dices malas palabras ni chismeas. Te preguntarán por qué eres buena con todos, por qué obedeces a tus padres y por qué eres tan feliz. Si te preguntan y les respondes que todo se debe a Jesús, prepárate para responder la pregunta que surgirá enseguida. La persona querrá saber por qué crees y esperas en Cristo, y por qué ella también debería hacerlo. ¿Estás preparada para responder?

¿Cuál es tu respuesta? ¿Por qué crees en Cristo?

79

Sé perfecta

Pero tú debes ser perfecto, así como tu Padre en el cielo es perfecto.

–MATEO 5:48

Permíteme ahorrarte algo de tiempo. No puedes ser perfecta. Nunca lo serás hasta que Cristo regrese. ¿Por qué Jesús nos daría un mandamiento que no podemos cumplir? Es más, ¿por qué Jesús nos da mandamientos si no somos capaces de cumplir ninguno de ellos? Jesús quiere que veamos cuánto lo necesitamos frente a cada mandamiento que Él cumplió a la perfección. Dios nos da Su estándar para la vida a través de la persona de Cristo. Cuando somos halladas en la justicia perfecta de Jesús, Dios nos considera justas. Aunque no podemos ser perfectas como nuestro Padre, sí podemos ser halladas en la perfección de Cristo.

¿De qué manera puedes parecerte más a Cristo esta semana?

El amor unos por otros

El amor que tengan unos por otros será la prueba ante el mundo de que son mis discípulos.

–JUAN 13:35

Cuando las personas se aman, crean grupos de jóvenes, iglesias, escuelas y comunidades fuertes. Los grupos de jóvenes sólidos tienen miembros que, por amor, cruzan los límites establecidos por los círculos cerrados. Las iglesias fuertes tienen miembros que se cuidan mutuamente en tiempos de necesidad o abundancia. Las escuelas fuertes tienen padres y alumnos que construyen una comunidad, ayudándose unos a otros y a la escuela.

Tienes una gran oportunidad de construir una comunidad en tu grupo de jóvenes, tu iglesia y tu escuela amando a las personas que Dios ha puesto en tu vida. A medida que te conectes con otros creyentes que compartan la misma pasión por cruzar barreras con amor, tus comunidades serán indestructibles.

¿Cuáles son algunos ejemplos de amor en tu iglesia? ¿Y en tu escuela?

Produce fruto

Él corta de mí toda rama que no produce fruto y poda las ramas que sí dan fruto, para que den aún más.

–JUAN 15:2

La metáfora para la vida cristiana es sencilla. Jesús es la vid. Nosotras somos las ramas. Nuestras vidas deben producir el fruto del Espíritu: amor, alegría, paz, paciencia, gentileza, bondad, fidelidad, humildad y control propio. La única manera de producir este fruto es permaneciendo en Cristo. Cuando permanecemos en Él, el Señor nos poda para que podamos seguir dando Su fruto. Separadas de Cristo, nuestra vid, es imposible que demos fruto.

*¿Tu vida es más fructífera que hace dos años?
¿En qué sentido?*

82

La verdad

Hazlos santos con tu verdad; enséñales tu palabra,
la cual es verdad.

–JUAN 17:17

En este versículo y los que lo rodean, Jesús está orando al Padre a favor de Sus discípulos. El Señor sabe que está a punto de ser arrestado y juzgado, lo cual hace que este pasaje sea especialmente hermoso. Jesús, camino a Su muerte, le pide a Dios que santifique a Sus discípulos con la verdad. Según Él, la verdad es la Palabra de Dios. La Escritura enseña que Jesús es la Palabra hecha carne. Entonces, Jesús le está pidiendo a Dios que santifique a Sus discípulos a través de Él. El Señor sabe que la muerte que está por sufrir es verdad y le pide a Dios que santifique a Sus discípulos mediante Su muerte.

Nosotras también estamos en proceso de ser santificadas. Dios nos hace santas por medio de Jesús, la Palabra de verdad. Para ser santificadas, tenemos que mirar constantemente la Verdad de la cruz.

¿Cómo te está santificando Dios mientras miras a Jesús?

83

En el safari

¡Estén alerta! Cuídense de su gran enemigo, el diablo, porque anda al acecho como un león rugiente, buscando a quién devorar. Manténganse firmes contra él y sean fuertes en su fe...

–1 PEDRO 5:8-9

Satanás sabe que tiene el tiempo contado. Sabe que la muerte y la resurrección de Cristo lo encadenaron por ahora y que el regreso del Señor lo encerrará para siempre. Por eso, anda al acecho como un león que busca devorar a todo el que puede. Entonces, los cristianos tenemos que estar alertas, como si estuviéramos haciendo un safari. Tenemos que tomar en serio los peligros de ataque que nos rodean en nuestra jungla, el mundo. Cuando el enemigo se nos acerca a campo abierto con la intención de devorarnos, tenemos que resistir su ataque mortal paradas firmes en nuestra fe. Es fundamental tener la espada de la Palabra de Dios en nuestras manos.

¿Cómo nos protege leer la Biblia?

Camina como Cristo

... En esto sabemos que estamos en Él. El que dice que permanece en Él, debe andar como Él anduvo.

–1 JUAN 2:5-6, LBLA

De cada uno de tus padres, heredaste distintos rasgos. Tal vez te parezcas físicamente a tu mamá, bailes como tu papá (esto podría ser trágico o genial, según como baile él) o te rías como tu mamá. Yo tengo la mente, la piel y la coordinación de mi papá, y algo de la creatividad de mi mamá. Pero, más allá de lo que heredemos de nuestros padres, hay un rasgo que debemos imitar de nuestro Padre celestial. Tenemos que andar como Él. Cuando empezamos a caminar de otra manera, debemos volver a mirar Su Palabra para ver cómo anduvo Su Hijo. Cristo nos muestra claramente cómo caminar como el Padre.

¿En qué se parece tu andar al de Cristo?

85

Camina en la luz

Pero el que aborrece a su hermano, está en tinieblas y anda en tinieblas, y no sabe adónde va, porque las tinieblas han cegado sus ojos.

–1 JUAN 2:11, LBLA

Piensa en el simbolismo de la luz y la oscuridad. La oscuridad desaparece de la habitación apenas se enciende la luz más pequeña. Incluso una luz de noche puede iluminar toda una habitación oscura. Como cristianas, somos la luz que irradia en este mundo oscuro. No podemos alumbrar un mundo en tinieblas si no tenemos luz. La Escritura afirma que el odio extingue nuestra luz. Apenas permitimos que el odio entre a nuestro corazón, somos como una vela que se sofoca. La llama se apaga. Cuando el odio se instala en el corazón, nos supera. Nuestra vida se descarría como si estuviéramos caminando en la oscuridad. El odio nos impide ver y confunde nuestro sentido de orientación.

Constantemente, tenemos que examinar nuestro corazón en busca de semillas de odio para poder seguir caminando en la luz.

¿Cómo te hace sentir el odio?

86

El amor en acción

Queridos hijos, que nuestro amor no quede solo en palabras; mostremos la verdad por medio de nuestras acciones.

–1 JUAN 3:18

Dios llama a los cristianos a amar, pero no solo debemos hablar sobre el amor, sino también demostrarlo en la práctica. Si una amiga te cuenta en confidencia quién le gusta, tienes que amarla y no contarle su secreto a nadie. Practicamos el amor al practicar la discreción. Hacemos el esfuerzo consciente de no compartir la información de su enamorado con otra gente. Si le decimos a nuestra amiga que la amamos, entonces ¿qué mejor manera de demostrar nuestro amor por ella que guardando su secreto?

¿Cómo puedes demostrar tu amor por tus amigos?

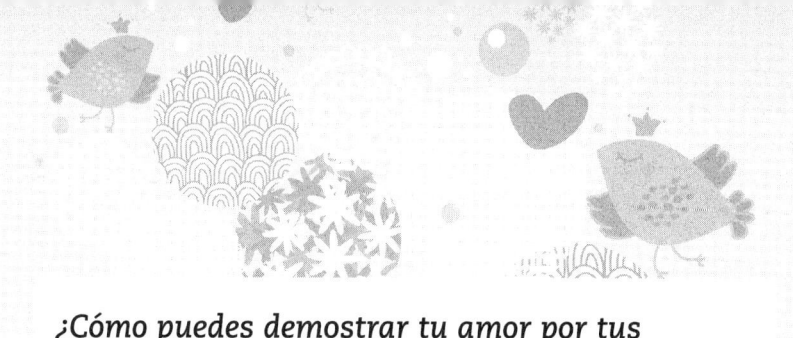

> # Obedece los mandamientos de Dios

Amar a Dios significa obedecer sus mandamientos, y sus mandamientos no son una carga difícil de llevar.

–1 JUAN 5:3

Cuando era pequeña, la casa de mis abuelos estaba justo detrás de la nuestra. Nuestros dos patios eran como un gran parque, y mi hermana y yo íbamos y veníamos constantemente de una casa a la otra. El único momento en que no nos gustaba ir a la casa de mis abuelos era cuando mi mamá nos pedía que trajéramos algo de su jardín. No era que se tratara de un pedido agobiante. Los vegetales ya estaban cosechados y embolsados. Lo único que teníamos que hacer era llevarle la bolsa a mi mamá mientras ella cocinaba. Por amor a mi mamá, hacía lo que me pedía incluso si estaban pasando mi programa de televisión preferido… Y esto era antes de que uno pudiera ponerle pausa a la televisión en vivo, así que, si te ibas de la habitación un rato, te perdías lo que sucedía.

Dios nos pide que hagamos cosas constantemente y, por amor a Él, obedecemos. Lo que nos pide no es una carga y vale la pena perderse cualquier otra cosa que creamos que necesitamos ver o experimentar.

¿Qué cosa específica has hecho para Dios últimamente?

88

Escucha al Señor

¡Alabado sea el Señor! ¡Qué felices son los que temen al Señor y se deleitan en obedecer sus mandatos!

–SALMO 112:1

Vivimos en una época en la que valoramos más lo que tenemos para decir que lo que los demás quieren decir. Por eso, las redes sociales son un éxito tan grande. Podemos disparar nuestros pensamientos, opiniones y actualizaciones para que los demás los vean y escuchen. En la plataforma de Internet, todos nos ven y nos escuchan. La desventaja de esto es que la habilidad de escuchar ya no se practica; lo único que importa es el arte de «publicar».

El cristianismo requiere que sepamos escuchar y lo practiquemos. El Salmo 112 dice que escuchar a Dios y Su Palabra nos trae deleite. Nuestra vida es plena y alegre cuando escuchamos a Dios. Debemos practicar escucharlo a medida que leemos lo que nos dice en la Escritura.

¿Cómo puedes aprender a escuchar mejor?

La verdadera felicidad

Felices son los que obedecen sus leyes y lo buscan con todo el corazón.

–SALMO 119:2

Todos buscamos ser felices. Para ser feliz, vas en pos de los amigos, la popularidad, el *look* ideal, el talento y las buenas calificaciones. El problema es que buscar estas cosas no te hará feliz. Quizá te aporte una felicidad temporal, pero no durará mucho tiempo. Incluso la mejor de las amistades puede traer heridas además de alegría. La popularidad cambia con el tiempo; por eso, siempre tienes la esperanza de ser uno más de los chicos populares. Apenas alcanzas el *look* del momento, aparece una nueva moda. El puesto para el que trabajaste tanto podría pasar a manos de alguien más joven o nuevo de tu escuela que eclipse tu talento. Y, en lo que se refiere a las calificaciones, no puedes mantener una puntuación perfecta en todas las materias y arreglártelas para tener una vida. Sin embargo, ¡no pierdas la esperanza! Hay algo que puedes buscar que siempre te llenará y jamás te desilusionará. Hay una cosa en tu vida que nunca cambiará, algo que siempre te hará feliz: tu relación con Cristo. Buscarlo en Su Palabra te dará felicidad.

¿Cómo te hace feliz Cristo?

90

Estudia

Estudiaré tus mandamientos y reflexionaré sobre tus caminos.

–SALMO 119:15

Fuera del salón de clases, lo más probable es que pases tu tiempo estudiando letras de canciones, música, datos curiosos, deportes, noticias de los medios sociales y tus programas de televisión favoritos. Dios quiere que acudas a Su Palabra con el mismo discernimiento y atención que les dedicas a estas otras cuestiones. Debes meditar en las instrucciones que dejó para ti en la Escritura. Tienes que estudiar tu Biblia con la misma intensidad que estudias, practicas deportes o te dedicas al ocio.

¿Cuánto tiempo al día pasas frente a una pantalla? ¿Le prestas la misma atención a la Palabra de Dios que a tu computadora, a tu teléfono o al televisor?

Aquí abajo, calcula cuánto tiempo le dedicas a la tecnología y al estudio bíblico cada semana. ¿Qué diferencia hay?

91

Cómo tener una vida plena

Rodéame con tus tiernas misericordias para que viva, porque tus enseñanzas son mi deleite.

–SALMO 119:77

En este versículo, la misericordia y la instrucción de Dios son conceptos equivalentes. Su compasión y su enseñanza nos dan vida y también son nuestro deleite. La misericordia de Dios nos dio vida y nos deleitamos al saber lo que hizo por nosotras. La instrucción que el Señor nos da en Su Palabra también nos da vida. Cuando buscamos la instrucción de Su Palabra, tomamos decisiones más sabias, somos menos egoístas y recibimos consejo; y, a su vez, las decisiones sabias, la abnegación y el consejo nos dan una vida más plena.

¿En qué sentido las reglas de Dios te alegran la vida?

Eres maravillosa

Tú creaste las delicadas partes internas de mi cuerpo y me entretejiste en el vientre de mi madre. ¡Gracias por hacerme tan maravillosamente complejo! Tu fino trabajo es maravilloso, lo sé muy bien.

–SALMO 139:13-14

Maravillosa no es la primera palabra que le viene a la mente a una muchacha si se le pide que se describa a sí misma. Tal vez piense en su torpeza física o social, pero no se considera maravillosa. Quizás crea que es extraña y peculiar, pero no maravillosa. La verdad es que es maravillosamente compleja, aun si no puede verlo. Dios la entretejió en el vientre de su madre y tiene un plan increíble para su vida.

¡Si tan solo pudieras entender cómo las cosas que das por sentadas de ti misma en realidad muestran lo maravilloso que es Dios! Cuanto más tiempo pases con tu Hacedor, más entenderás cuán maravilloso es por haberte hecho tal cual eres.

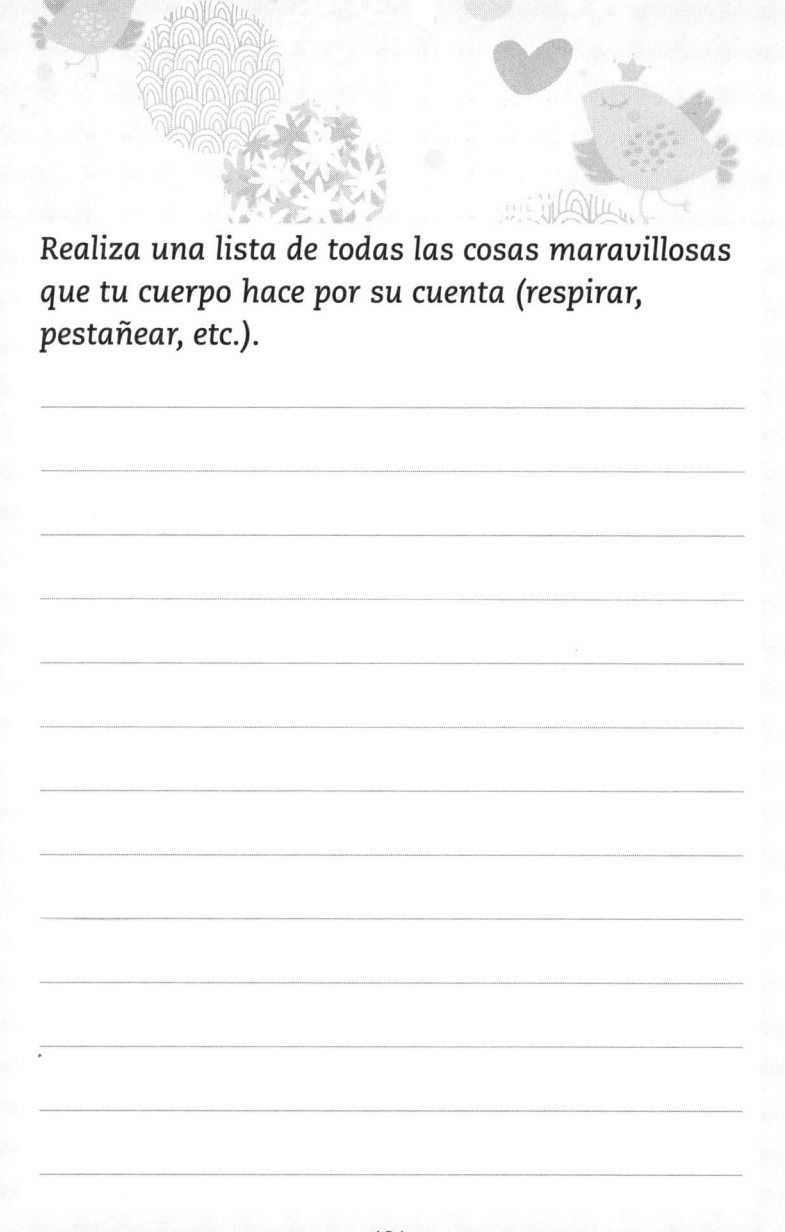

Realiza una lista de todas las cosas maravillosas que tu cuerpo hace por su cuenta (respirar, pestañear, etc.).

93

Silencio

Es necio denigrar al vecino; una persona sensata
guarda silencio.

–PROVERBIOS 11:12

Ya sabes lo difícil que es morderte la lengua y no hablar cuando no puedes resistir decir algo. Cuando tienes alguna noticia sobre alguien que no te cae bien, quieres que se sepa. Te da una cierta satisfacción que todos se enteren de lo que le sucede. Pero querer manchar la reputación de alguien no tiene sentido. Dios te llama a ser considerada. Ser amable y considerada significa cerrar la boca y guardar silencio. En lugar de propagar chismes, una muchacha sabia guarda silencio sobre la noticia que podría manchar la reputación de alguien.

¿Te gusta estar con alguien chismoso?

94

No te parezcas a un cerdo

Una mujer hermosa sin discreción es como un anillo de oro en el hocico de un cerdo.

–PROVERBIOS 11:22

Los cerdos son animales sucios y, con su hocico, van buscando por el barro. Imagina un hermoso anillo de oro en el hocico de un cerdo, arrastrado por el barro y una pila de sobras, mientras el animal engulle su comida. ¡Qué forma de malgastar un hermoso anillo!

La imagen de un anillo de oro en el hocico de un cerdo representa a una muchacha hermosa que rechaza el consejo sabio. Qué desperdicio de belleza es que una chica tome malas decisiones. Su mal juicio la arrastra por el barro y mancha su belleza.

¿Quién en tu vida puede ayudarte a tomar decisiones sabias?

Edifica tu reputación

La mujer sabia edifica su hogar, pero la necia con sus propias manos lo destruye.

–PROVERBIOS 14:1

Estás en la época de construir. A tu edad, estás edificando tu reputación. El cimiento de tu reputación es tu convicción en Jesús. Cada tabla que conforma la estructura es una decisión que tomas y cada clavo representa tu integridad. Una mujer sabia toma buenas decisiones que construyen su reputación como cristiana. Con cuidado, construye su carácter porque sabe que su vida tiene que reflejar a Cristo. Una mujer insensata toma un martillo y hace pedazos su propia reputación con las malas decisiones que toma. Al final, cuando se mira al espejo y ve una reputación dilapidada, no puede culpar a nadie más que ella.

¿De qué maneras puedes proteger tu reputación?

96

Tus pasos

Podemos hacer nuestros planes, pero el Señor determina nuestros pasos.

–PROVERBIOS 16:9

Observa que este proverbio afirma que la persona tiene un plan. No deja el camino de su vida librado al azar. Tiene una dirección y un propósito. En su corazón, planea el enfoque que quiere adoptar. El Señor tiene la última palabra, pero eso no significa que ella se quede sentada esperando que las cosas caigan del cielo. Es alguien que toma la iniciativa mientras espera en el Señor. Él es el factor decisivo en el curso de su vida, pero ella avanza hacia un objetivo mientras espera la guía del Señor.

Avanza hacia tus esperanzas y tus sueños y, a medida que ores, Dios te dirigirá hasta la meta.

¿Cuáles son tus planes para los próximos dos años? ¿Y para los próximos cinco años?

97

Tus intenciones

Al hombre le parece bien todo lo que hace, pero el Señor es quien juzga las intenciones.

–PROVERBIOS 21:2, DHH

Dios es un experto en ponernos en evidencia. Si prometemos que le haremos un pastel a nuestra maestra porque la admiramos, pero en realidad queremos halagarla porque nos sacamos una mala calificación en su materia, Dios sabe la verdad. Tal vez engañemos a la maestra e incluso nos mintamos a nosotras mismas, pero el Señor conoce la verdadera intención de nuestro corazón. Como Dios evalúa nuestras motivaciones, es necesario que le presentemos todo lo que hagamos o queramos hacer. Cuando le entregamos nuestros planes al Señor, Él expone nuestras intenciones. Si nos damos cuenta de que una intención en particular es para nuestra gloria y no la de Dios, tenemos que reestructurar nuestro plan. Sinceramente, esta manera de vivir nos ahorra tiempo porque no lo malgastamos haciendo lo que solo nos trae gloria a nosotras.

¿Cuán a menudo le presentas tus planes a Dios antes de actuar?

El pan nuestro de cada día

Aleja de mí la mentira y las palabras engañosas, no me des pobreza ni riqueza; dame a comer mi porción de pan.

–PROVERBIOS 30:8, LBLA

La frase «el pan nuestro de cada día, dánoslo hoy» es parte del padrenuestro, que está en Mateo 6 (RVC). La idea de esta parte de la oración es que el creyente confíe en Dios para que provea lo que necesita. Lo mismo expresa Proverbios 30:8 (LBLA) con las palabras «dame a comer mi porción de pan». A veces, oramos por cosas que no son necesarias, y concentrarnos en la provisión de Dios para nuestras necesidades diarias nos ayuda a identificar las cosas que queremos pero no necesitamos.

Depender de Dios es una hermosa parte de la vida cristiana. Tenemos que acudir al Señor para pedir que supla nuestras necesidades diarias, tal como sugieren el padrenuestro y Proverbios 30:8.

¿Qué necesidades diarias das por sentado?

99

Tu corazón

Así como en el agua se refleja el rostro, también en el corazón se refleja el hombre.

–PROVERBIOS 27:19, RVC

Como chicas, pasamos gran parte de nuestro tiempo preocupándonos por cómo lucimos por fuera. Queremos que nuestro cabello permanezca lacio en días húmedos, que no se nos corra el maquillaje y que nuestra ropa siempre sea la más linda. Los espejos nos informan cómo nos vemos. Si nos recogemos el cabello en una cola de caballo, el espejo no nos reflejará con el cabello suelto. Los espejos nos presentan una imagen veraz de cómo somos por fuera. De la misma manera, el corazón nos da una representación acertada de cómo somos. Lo que sucede en el corazón refleja nuestro carácter.

Imagina que observas atentamente tu corazón. ¿Qué ves?

100

Bendición

Que el Señor de paz mismo les dé paz siempre y en toda circunstancia. Que el Señor esté con todos ustedes.

–2 TESALONICENSES 3:16, RVC

La bendición suele pronunciarse en público, al final de una reunión de adoración. En este versículo, Pablo les da su bendición a los tesalonicenses al final de la segunda carta que les envía.

Cuando era niña, me encantaba cuando, como bendición final, el coro de mi iglesia entonaba una canción que decía: «Que Dios te bendiga. Que haga brillar en ti su rostro y te dé paz, y se apiade de ti». Esta bendición viene de Números 6:24-26 y es lo que quiero dejarte. Dios es paz. A medida que lo busques, experimentarás paz. Que Él te dé paz siempre y en todo sentido. Que el Señor esté contigo.

¿En qué se diferencia la paz de Dios de cualquier otra paz?